sopa de letras, para las fiestas navideñas, y no sólo, para los momentos de relajación, y para estimular la vista y la capacidad mental y visual de búsqueda de palabras. Hay 2000 palabras para buscar en 100 patrones, con soluciones reactivas. Al final del libro hay unas tarjetas vacías para llenar con pensamientos positivos para ti y tu familia, sirven para mantener siempre nuestra mente positiva y también para tener metas o sueños para nuestro futuro cercano.

emilcookie03@gmail.com

Puzzle 01

O	R	O	V	Í	B	R	E	H	H	O	Z	O	I	C	Q	U
P	G	D	N	Z	Q	I	S	Á	D	Á	T	I	L	Y	N	O
Ú	A	H	U	M	A	D	O	B	A	N	Í	B	F	U	T	Q
T	X	Z	U	Ü	A	Ñ	C	H	E	R	S	Y	X	F	I	L
É	F	F	A	B	X	U	O	M	S	R	E	C	U	A	C	R
E	A	E	P	Í	X	G	A	T	I	Z	K	R	A	O	M	L
M	I	V	U	U	D	T	W	Á	N	T	E	L	R	I	C	S
B	R	A	Ü	Y	R	R	V	G	D	T	M	N	Á	A	O	O
A	A	L	I	A	C	K	X	O	I	V	U	F	O	D	B	N
R	I	U	P	B	X	S	N	É	V	K	G	D	T	T	O	Ó
C	D	A	F	O	L	R	O	F	I	H	A	E	R	X	L	I
A	A	C	Q	T	G	O	P	N	D	R	F	F	O	T	G	C
C	D	I	J	E	K	E	H	W	U	G	Ú	A	C	G	V	A
I	I	Ó	Ñ	L	A	O	K	T	A	Y	Ü	H	W	T	P	U
Ó	R	N	A	L	Ñ	I	C	L	L	O	A	Ú	D	Ú	J	T
N	U	T	R	A	S	U	L	O	M	R	Z	S	W	J	Ñ	I
É	G	U	B	M	R	O	M	O	E	I	D	J	E	C	E	S
H	E	Ó	O	T	H	D	A	O	N	G	Q	L	T	D	R	Í
A	S	Z	S	Z	Ü	B	M	Ú	T	M	E	D	I	O	D	E
H	H	E	H	D	Q	Ó	J	É	E	V	Ú	C	E	Ü	Y	N

Seguridad	Globo	Medio	Apartamento
Desayuno	Individualmente	Baño	Diaria
Situación	Barrera	Corto	Ahumado
Cauce	Dátil	Botella	Embarcación
Evaluación	Estructura	Gallo	Herbívoro

Puzzle 02

N	H	E	T	O	B	Q	X	G	T	H	D	G	T	Q	U
O	W	A	E	Ñ	B	E	N	E	F	I	C	I	O	V	Ü
N	M	R	X	E	L	A	T	I	F	O	L	I	A	D	O
I	O	U	Ú	Ó	B	T	P	Í	J	U	C	I	Y	K	Q
T	F	T	A	L	O	C	Í	R	G	A	O	B	G	C	F
S	E	L	L	F	A	R	E	M	I	R	P	É	O	A	Í
E	R	U	O	P	L	I	I	O	I	Ü	V	N	G	S	C
D	T	C	Ñ	O	R	U	E	Ó	P	É	I	O	R	E	E
B	A	I	A	É	M	A	C	Ü	H	N	P	B	A	S	O
A	I	C	P	U	Z	Í	D	T	V	I	Á	B	L	E	E
C	O	R	S	F	P	S	C	E	U	F	M	D	T	R	R
Ó	T	O	E	R	Q	H	N	K	W	A	P	D	N	E	B
R	T	P	E	W	Ñ	T	I	U	G	R	C	Ñ	Ó	T	O
Ñ	I	S	N	W	A	Í	Í	O	Ñ	Í	D	I	X	N	S
P	T	A	G	R	I	C	U	L	T	U	R	A	Ó	I	P
A	Z	M	I	N	I	F	U	N	D	I	O	Q	N	N	Ü
A	Y	O	M	I	R	I	H	C	H	Q	X	I	U	R	T
Ú	S	E	J	A	I	V	O	P	Á	N	M	R	R	K	F
G	J	K	H	T	A	É	Q	F	O	V	Z	F	Ü	K	X
C	I	V	M	F	B	T	B	Ü	A	F	R	Z	J	O	R

Presta	Española	Destino	Sobre
Agrícola	Agricultura	Chirimoya	Euro
Viajes	Primera	Fluctuación	Gamba
Inventario	Largo	Latifoliado	Intereses
Beneficio	Minifundio	Oferta	Porcicultura

Puzzle 03

S	X	P	Q	Z	D	R	S	J	W	O	T	R	R	W	T	A
L	N	N	Y	M	O	H	N	S	O	D	U	C	I	P	M	Q
A	N	T	X	F	C	Z	Ó	P	R	D	L	M	L	O	A	M
E	O	Y	Y	M	I	G	I	Z	R	O	Y	T	R	T	Y	D
R	T	A	F	P	F	P	C	A	C	I	T	S	Í	R	U	T
N	R	R	H	Q	Á	B	A	L	O	S	U	E	Z	E	W	D
S	O	R	N	G	R	H	C	I	R	A	P	V	N	R	O	C
S	C	A	U	S	G	Z	I	N	J	L	D	O	V	O	W	O
H	O	J	F	W	A	M	F	M	T	I	M	P	B	R	I	R
P	R	O	D	U	C	C	I	Ó	N	D	R	E	W	S	J	N
U	E	M	A	D	M	Z	F	L	C	A	F	R	W	A	A	V
J	M	Q	A	O	F	R	A	K	R	F	U	A	J	Í	U	Y
G	T	O	Z	L	R	I	R	C	M	H	N	T	S	T	T	B
N	M	N	L	Y	B	P	T	D	X	Z	C	I	Z	N	O	I
Z	B	X	E	T	T	D	S	N	O	Z	I	V	S	A	R	D
D	W	R	O	C	D	G	E	U	A	Q	Ó	O	M	R	I	J
Q	O	G	R	N	A	F	L	N	W	C	N	S	G	A	Z	B
K	K	S	C	X	O	J	D	R	I	N	E	L	A	G	A	T
U	P	F	E	V	Z	B	D	V	U	N	P	R	J	Y	D	S
Z	K	M	T	V	Y	N	A	A	G	N	A	L	A	M	O	H

Adjacent	Corto	Real	Estrafificación
Neto	Salida	Gráfico	Operativo
Autorizado	Abono	Nacer	Función
Malanga	Picudos	Producción	Potrero
Turística	Garantía	Mero	Mojarra

Puzzle 04

O	V	I	T	C	E	L	O	C	D	V	Z	Y	A	N	S	L
G	E	W	A	A	C	R	O	Z	A	M	H	C	V	E	P	S
E	G	D	R	B	G	I	E	N	U	E	A	P	A	C	A	J
F	E	B	P	J	Z	B	R	H	T	Í	A	F	E	M	Í	M
V	T	R	T	M	H	W	B	B	R	E	Z	M	R	A	S	N
M	T	A	N	G	I	B	L	E	C	T	M	C	B	C	E	T
M	Z	W	A	X	H	E	L	C	X	N	H	Z	L	O	S	R
B	Q	J	A	S	N	E	F	E	D	E	Q	S	O	G	W	A
D	B	R	H	N	T	W	L	K	M	U	J	C	Q	I	S	T
Q	N	N	B	S	S	E	S	B	I	P	L	E	U	D	Q	A
U	U	A	O	Q	W	E	C	N	O	R	U	A	E	A	L	D
X	V	H	S	C	F	A	T	N	P	T	H	T	O	M	K	O
C	P	T	D	L	T	A	G	N	I	A	U	J	C	U	Y	E
X	Y	E	W	N	N	Y	M	L	E	F	G	B	M	N	A	G
Z	A	T	E	C	S	A	I	T	O	I	I	F	J	D	C	J
C	G	V	E	J	Y	D	K	Y	S	D	R	C	U	Q	C	H
M	Q	R	B	R	A	U	J	G	P	T	U	T	A	F	A	B
Q	S	M	A	D	E	N	O	M	P	D	Q	Q	U	R	E	N
L	Í	Q	U	I	D	O	B	D	A	T	O	S	V	N	I	H
S	E	J	Z	O	U	N	F	S	C	A	R	G	R	S	W	R

Mazorca	Tangible	Hostelería	Nutrientes
Colectivo	Puente	Moneda	Países
Paca	Tecnificar	Quinta	Acogida
Tratado	Venta	Datos	Bloqueo
Líquido	Defensa	Veda	Utilidad

Puzzle 05

I	Z	M	I	G	R	A	C	I	Ó	N	S	Q	T	Z	A	J
V	Z	D	W	U	Y	A	O	Y	I	G	O	G	I	R	T	I
F	I	M	U	A	W	H	M	L	T	F	Y	B	N	P	H	Q
E	Q	G	O	N	R	Y	E	B	Y	V	W	O	V	I	F	U
N	M	O	K	V	A	E	R	W	R	J	S	E	D	X	P	E
B	Q	H	E	J	I	T	C	V	N	R	M	A	N	O	V	S
K	U	C	A	A	N	N	I	R	E	J	D	L	L	V	D	O
J	X	N	X	K	M	S	O	P	E	I	N	E	D	M	Z	K
P	G	A	Ó	A	S	E	H	I	L	T	D	Y	A	S	L	V
A	P	R	S	I	D	Y	R	I	C	O	J	S	O	Á	V	T
O	C	V	E	J	C	Z	B	I	M	E	C	O	X	B	E	Y
X	R	W	H	Z	R	A	A	W	C	G	R	E	B	I	G	F
X	E	D	R	V	T	Z	C	U	T	A	H	P	L	L	E	F
X	C	E	P	N	Q	S	Q	I	D	I	N	G	F	A	T	X
Z	E	G	O	E	D	G	O	R	F	I	C	O	K	R	A	X
T	P	C	P	T	N	J	F	G	H	I	E	L	E	M	C	E
V	T	T	A	X	G	S	P	L	N	W	N	N	G	V	I	I
N	I	V	L	C	V	S	I	W	C	F	H	A	C	V	Ó	C
L	V	S	M	X	G	V	S	Ó	B	F	C	U	L	I	N	M
U	A	D	A	R	F	A	T	E	N	N	F	M	C	P	A	U

Person	Comercio	Trigo	Contabilidad
Tercera	Vegetación	Rancho	Queso
Receptiva	Ovino	Modelo	Audiencia
Neta	Planificación	Pensión	Americano
Migración	Palma	Precio	Sábila

Puzzle 06

I	K	Y	M	A	B	F	Q	C	S	V	H	O	O	G	B	C
F	X	C	S	I	P	Y	J	G	A	Ú	T	P	L	Y	Q	O
K	P	Í	O	T	R	X	Q	C	I	U	L	L	E	C	L	N
U	F	M	D	D	O	O	Í	V	R	A	S	Z	C	F	I	G
Q	I	Ñ	A	E	B	O	D	B	Z	K	L	Ü	U	U	B	R
K	M	P	Z	S	A	T	R	O	G	Q	F	T	É	K	R	E
Q	P	A	I	I	B	E	Y	C	T	S	Z	Z	P	C	E	S
U	U	R	L	G	L	O	P	W	E	T	K	E	M	Z	G	O
H	E	U	I	N	E	E	D	R	Ñ	E	I	K	M	G	T	S
S	S	T	R	A	A	E	O	A	M	M	A	R	C	A	M	D
Y	T	L	E	R	W	L	T	N	R	P	Á	A	K	E	M	P
R	O	U	T	J	A	M	C	S	U	E	D	E	D	W	A	S
J	S	C	S	V	Í	M	U	Q	Ó	S	D	I	W	Ú	T	L
M	P	I	E	Í	E	J	R	I	Z	T	D	N	G	F	E	S
K	U	V	Q	F	Y	Y	F	I	X	A	I	W	A	X	R	C
M	J	L	E	N	P	H	U	P	E	D	W	H	Ú	B	I	Z
X	Ó	I	H	R	Z	Á	S	W	X	G	S	C	N	O	A	D
Á	X	S	U	D	V	N	U	N	J	T	O	W	R	Í	L	I
K	D	Á	R	Z	L	E	Ó	D	C	J	Á	Z	Q	C	P	Ó
J	P	X	R	C	I	R	C	U	L	A	N	T	E	T	E	A

Esterilizados	Todo	Vacío	Congresos
Riego	Silvicultura	Tempestad	Bruto
Usufructo	Impuestos	Libre	Plazo
Valores	Designar	Abanderado	Medida
Probable	Circulante	Material	Marca

Puzzle 07

M	Q	N	N	L	A	I	C	N	E	G	A	F	A	Z	K	E
Y	Q	Ó	E	O	G	P	H	I	Z	U	Z	J	A	A	W	L
T	A	I	Z	G	B	X	A	Y	F	G	I	H	B	F	N	M
G	M	C	C	S	C	C	B	R	K	O	A	M	F	R	L	G
L	Ü	A	C	W	U	T	I	Ñ	I	Y	V	Z	R	A	Í	S
P	Y	V	L	R	S	U	T	Í	A	D	E	T	A	É	F	O
F	D	I	I	Y	E	K	A	T	O	G	A	V	O	M	I	C
T	F	T	U	A	J	D	C	D	R	F	N	D	I	O	N	T
E	L	C	C	R	A	S	I	Q	E	R	E	R	B	N	A	L
Q	A	A	P	E	I	F	Ó	T	M	C	N	G	Z	O	N	T
Á	Q	E	P	D	V	V	N	D	A	É	T	G	J	P	C	T
T	V	R	S	A	F	I	R	A	T	T	L	R	S	O	I	L
O	V	T	S	R	X	U	É	H	J	R	I	X	C	L	E	C
R	K	É	P	P	O	V	I	T	C	E	L	O	C	I	R	Ú
O	Y	Á	V	V	W	Á	S	Y	F	P	Í	C	N	O	O	W
Y	J	M	R	Ú	D	O	P	A	U	P	E	R	I	S	M	O
M	C	O	T	N	E	I	M	A	J	O	L	A	B	I	A	J
H	U	Y	E	N	G	O	Z	A	L	P	Y	G	E	W	H	P
P	Q	T	Í	X	W	A	R	E	U	M	L	A	S	N	Z	Ü
X	X	N	Q	N	C	Q	C	G	P	U	Ó	C	É	U	F	W

Habitación	Viajes	Zafra	Yuca
Toro	Salmuera	Reactivación	Pradera
Pauperismo	Colectivo	Accreditation	Paridad
Monopolio	Miel	Jaiba	Alojamiento
Agencia	Financiero	Tarifa	Plazo

Puzzle 08

Ñ	Z	Í	W	J	P	P	A	R	E	D	A	M	J	Á	X	L
J	Ñ	F	V	G	R	X	L	I	K	T	V	L	G	H	Q	Ñ
Ü	O	X	N	A	A	Ñ	A	T	E	L	P	M	O	C	V	D
K	A	Q	W	H	R	T	A	N	N	O	U	T	P	Ñ	J	Í
T	O	F	B	I	Ú	W	C	F	B	É	G	I	H	N	K	K
X	H	M	R	A	P	I	O	D	Í	Z	H	I	I	Y	Ó	A
S	G	K	M	S	Ó	Á	N	F	E	H	N	D	D	Ú	Ó	M
O	Ó	Y	S	N	E	Y	C	Ó	Á	K	Ó	Í	R	M	E	L
M	K	T	U	R	C	O	Ñ	U	I	L	I	Y	Á	M	Z	A
U	R	I	R	A	E	N	Í	L	E	C	C	F	U	Á	L	P
S	Y	L	I	N	W	A	A	C	L	N	A	Ü	L	X	E	Q
N	H	I	M	G	Á	Q	H	N	A	Á	T	I	I	I	C	S
I	Ñ	B	R	I	Ó	E	Y	R	N	B	O	A	C	M	H	Q
I	T	A	G	H	L	G	Z	Y	I	Y	L	K	A	O	O	L
Y	F	L	A	W	O	L	I	A	G	E	P	N	F	D	S	I
O	V	I	T	C	E	L	O	C	I	U	X	E	D	J	A	A
P	D	A	L	N	F	Í	P	V	R	G	E	W	C	D	V	R
U	M	V	X	N	D	H	Í	G	O	A	Ó	R	R	N	F	T
W	B	A	U	F	A	B	R	X	A	M	J	R	V	L	S	Ó
Ñ	N	M	I	R	R	I	G	A	C	I	Ó	N	H	E	J	F

Asociación	Hidráulica	Insumos	Irrigación
Maguey	Millo	Availability	Colectivo
Explotación	Turco	Madera	Leche
Atención	Original	Completa	Máximo
Cuenta	Lechosa	Línea	Palma

Puzzle 09

T	S	Ó	Q	Y	B	Ñ	C	K	M	K	Z	Q	D	J	B	R
Y	C	E	D	T	E	C	N	O	L	O	G	Í	A	M	J	E
U	M	S	A	C	I	L	B	Ú	P	O	S	Ü	Q	U	M	X
N	N	T	W	R	X	É	D	W	S	S	E	O	G	E	P	C
W	A	A	P	H	X	É	S	X	P	T	F	A	L	G	G	L
Ü	T	B	A	K	N	F	K	G	L	R	N	Ó	S	T	A	U
U	S	L	P	F	T	I	M	T	A	A	N	I	W	Q	D	S
S	E	E	A	L	H	I	V	G	D	S	J	S	I	Y	E	I
N	R	C	Y	T	E	W	Ó	E	B	Z	Q	I	E	Y	N	V
Y	P	I	A	T	W	N	R	U	L	H	O	T	K	T	O	A
O	Ú	M	B	P	U	Í	T	E	S	P	G	Q	E	R	M	L
W	O	I	G	W	A	R	Ñ	E	T	S	C	R	E	Z	P	Ñ
Q	W	E	A	M	U	R	I	W	J	Ó	C	M	Í	O	M	Ó
O	O	N	Y	Y	M	I	F	S	U	A	Ú	A	Ñ	E	L	P
G	S	T	Í	Í	I	É	G	I	M	N	Z	B	S	Ñ	H	N
T	X	O	S	U	V	A	T	B	O	O	Q	N	L	E	Q	Z
J	T	M	O	S	A	N	I	O	R	B	Ü	Ó	Ñ	É	Y	Ñ
G	S	M	R	Ü	K	O	T	J	D	J	O	Ü	U	V	O	Ü
D	J	L	G	H	H	A	Á	K	Q	O	L	M	K	W	O	H
Ñ	E	K	O	C	Ú	Y	R	U	Y	R	S	O	Á	L	Z	D

Papaya	Sorgo	Turismo	Intercambio
Uva	Exclusiva	Presta	Número
Establecimiento	Tecnología	Roza	Moneda
Ostras	Nivel	Métodos	Melón
Lenteja	Leña	Pública	Ganadería

Puzzle 10

P	A	S	E	R	P	M	E	S	J	P	C	W	A	N	N	X
A	V	H	Z	T	Z	E	M	B	I	S	C	M	O	G	X	P
H	W	W	M	A	T	O	R	R	A	L	N	L	A	N	C	E
É	X	S	W	W	H	Ü	A	N	I	F	Á	B	Q	V	I	Ñ
Q	L	U	T	G	X	B	D	U	O	O	U	Ú	Z	U	A	Á
K	P	B	E	L	M	Q	D	Ú	P	J	O	N	F	F	I	D
P	Y	Y	H	O	T	N	E	I	M	A	S	E	C	O	R	P
A	W	A	B	B	Í	W	Ñ	T	R	Ó	Í	S	X	I	Ü	P
T	N	C	G	A	E	A	W	L	Á	E	P	W	F	J	Ó	K
A	Z	E	P	L	L	Á	L	H	D	S	C	Y	I	T	P	N
T	E	N	Á	I	A	E	Z	Í	A	M	E	T	F	Q	H	B
A	L	T	Q	Z	N	U	N	D	S	K	O	C	O	Z	U	O
Ñ	A	E	U	A	G	K	K	I	G	M	H	X	C	R	L	A
K	D	B	Í	C	O	J	N	S	A	A	H	A	D	H	E	A
E	M	D	S	I	S	D	B	T	E	Ü	N	E	B	S	E	S
C	I	Í	Y	Ó	T	W	E	Z	L	C	X	A	Á	A	F	Y
I	T	Q	Í	N	I	H	C	X	E	B	I	T	D	S	P	C
H	I	Ú	R	P	N	C	E	Z	V	M	Y	D	U	O	R	M
A	R	Q	G	L	O	M	F	É	K	N	B	C	N	Q	Ó	M
N	A	O	V	T	S	P	M	A	N	G	L	A	R	Í	W	Y

Admitir	Directores	Bomba	Función
Ganado	Globalización	Haba	Índices
Hule	Lance	Jitomate	Empresa
Subyacente	Langostinos	Matorral	Maíz
Manglar	Patata	Piña	Procesamiento

Puzzle 11

T	É	N	Í	T	Q	D	A	V	B	E	S	D	U	I	L	Ú
L	I	J	E	R	E	P	Y	I	V	M	B	M	Q	M	J	E
G	G	G	B	V	Q	D	S	N	S	A	L	C	A	N	C	E
G	S	R	Á	S	I	D	A	I	M	N	T	V	N	U	R	D
E	N	A	U	E	V	Í	L	L	J	T	J	M	L	U	X	M
D	U	A	B	L	Z	O	A	H	L	E	Ñ	X	Ü	E	O	Ú
O	Í	C	Y	A	A	Ú	R	H	Í	Q	D	Í	Z	N	É	Z
H	R	S	R	N	N	R	I	M	U	U	R	I	O	P	J	A
U	Ó	E	P	O	Q	A	A	I	E	I	K	C	A	I	Y	M
H	S	P	U	I	H	R	L	K	É	L	U	J	G	N	R	A
P	R	P	J	C	Í	T	P	V	Q	L	O	B	L	Á	K	F
O	P	A	I	O	H	G	Í	I	T	A	P	C	B	Q	U	O
D	L	R	N	M	M	G	G	I	D	Z	H	A	O	Y	S	R
E	P	V	G	E	C	Q	V	Ñ	É	F	N	X	B	T	E	O
R	I	A	L	G	I	O	V	E	O	O	X	U	Y	Y	Ó	Ó
C	M	D	E	G	R	U	A	C	T	I	V	I	D	A	D	N
A	S	A	S	O	V	I	T	E	J	B	O	I	F	K	G	M
F	K	D	A	I	Y	D	O	O	O	P	Ñ	R	A	Z	A	C
O	L	B	B	O	J	J	K	E	J	Í	Y	W	W	Q	F	A
Y	B	R	T	C	O	N	G	E	L	A	D	O	S	Y	B	R

Perejil	Objetivo	Monocultivo	Mantequilla
Alcance	Congelados	Inglesa	Aforo
Emocionales	Actividad	Salarial	Melocotón
Parvada	Pesca	Poder	Raza
Silo	Sabana	Res	Rábano

Puzzle 12

E	H	H	A	E	E	J	M	P	O	B	R	E	Z	A	T	M
A	D	A	D	I	V	I	T	C	U	D	O	R	P	G	Y	Í
E	R	W	M	J	F	S	W	Z	C	Ú	E	D	U	E	Ü	M
T	J	O	E	O	A	S	G	A	W	Q	E	A	I	X	Ú	B
Y	L	Z	D	N	P	I	L	W	K	B	Y	Ü	J	O	Y	T
O	X	L	I	A	O	I	A	I	P	A	L	I	T	L	R	F
X	R	D	Y	T	D	F	E	Ñ	B	S	A	I	A	I	D	S
R	A	Ñ	M	Ó	Y	I	P	A	G	T	M	R	L	N	O	T
D	T	K	Ü	P	E	B	L	B	S	L	U	L	A	Ñ	G	N
E	Í	R	B	A	U	Q	Ó	O	A	R	A	I	A	L	X	L
S	Q	E	G	G	L	N	G	P	S	D	O	B	Y	M	A	J
Z	Á	G	Ú	Q	E	N	L	Ñ	O	N	E	L	Ñ	N	Á	T
G	F	I	V	I	A	T	I	R	O	R	O	W	M	F	V	Í
S	B	Ó	X	L	M	I	A	B	H	Z	S	C	B	P	N	T
S	G	N	P	A	Í	M	O	N	O	C	E	O	R	C	I	M
E	Á	H	E	T	E	R	O	G	É	N	O	A	N	O	Z	L
C	L	L	L	K	Y	Q	L	B	I	A	V	W	H	A	P	L
T	Í	O	C	A	B	A	T	H	A	K	Z	L	Á	A	L	I
O	C	J	D	H	A	C	O	I	D	N	A	M	D	A	Ü	P
R	J	N	K	J	U	J	Z	R	J	O	P	É	Y	G	O	Ú

Rebaño	Región	Sanidad	Sector
Talar	Tabaco	Tilapia	Trilladora
Consolidadora	Zona	Rural	Productividad
Planos	Palmito	Microeconomía	Mandioca
Pobreza	Langosta	Heterogéno	Guayaba

Puzzle 13

U	R	O	Z	L	E	I	R	B	A	L	R	W	B	W	P	C
G	Ú	N	I	S	Ü	J	S	I	I	S	K	O	M	R	P	S
O	F	O	E	A	H	F	J	D	R	C	A	A	C	A	B	É
C	R	B	J	I	T	F	R	U	T	A	S	Ü	G	N	O	F
I	A	A	C	Ó	Z	R	B	P	E	É	D	E	T	A	O	N
K	Ü	B	H	M	X	X	V	O	M	R	Q	H	É	R	T	C
L	C	V	O	C	M	H	A	L	O	Ú	Z	R	Í	G	A	V
C	M	G	O	S	E	B	G	E	N	T	É	U	T	S	I	O
V	G	Í	R	T	J	V	R	S	O	D	F	B	Y	E	N	J
R	A	Ñ	E	O	É	Ú	O	T	C	F	T	K	Q	D	O	H
U	R	L	I	E	J	O	T	R	E	Q	H	B	R	T	B	I
N	B	L	C	X	N	A	U	I	P	E	F	O	T	L	N	H
L	A	Ñ	N	Í	O	L	R	B	V	A	L	P	T	F	A	C
A	C	N	A	K	N	I	I	O	J	F	C	Y	L	T	U	R
L	W	R	N	N	I	K	S	R	I	E	H	A	K	I	T	R
F	M	E	I	G	T	O	M	L	F	R	C	A	V	E	Ó	Q
A	Á	D	F	L	S	L	O	G	D	I	J	X	Á	X	N	G
L	G	A	R	P	E	C	C	R	Ó	V	Ú	X	Ü	I	O	W
F	J	U	R	M	D	I	Q	N	L	A	I	D	N	U	M	J
A	L	K	G	B	F	C	O	W	K	H	W	O	O	T	O	W

Abono	Mundial	Ajo	Alfalfa
Aprovechar	Cabra	Baca	Boniato
Financiero	Agroturismo	Destino	Cabos
Ciclo	Coliflor	Desgranar	Econometria
Estribor	Frutas	Inflación	Autónomo

Puzzle 14

G	S	K	Q	I	N	E	M	U	D	R	A	C	G	N	M	W
J	D	E	O	E	F	E	M	Y	J	V	Í	N	X	Y	D	V
I	Q	U	G	Ú	Ú	M	Y	E	Y	Y	Ó	Ú	Á	E	X	N
K	L	I	X	E	O	V	E	U	H	D	G	W	S	L	E	Y
Z	R	R	Ü	A	K	Ñ	L	U	O	K	X	N	W	O	V	Z
O	R	K	Q	S	R	E	Q	G	Y	N	U	Ú	M	Y	X	E
M	E	O	H	K	R	X	L	A	Y	T	A	O	T	I	W	I
Z	U	Z	O	U	Ñ	A	K	E	R	S	M	V	X	Ó	E	Ú
F	F	D	J	M	I	X	H	I	B	A	J	D	E	D	A	V
G	R	O	P	N	I	G	C	T	D	A	Q	G	I	N	Á	G
O	I	Z	Z	Á	H	I	Ñ	R	C	S	T	J	Ñ	N	A	É
Á	E	A	U	A	Ó	O	A	U	I	N	R	E	I	R	Ú	C
É	L	L	S	N	P	C	F	N	P	O	W	T	B	W	X	Ñ
I	N	P	P	N	C	I	G	V	B	I	N	Í	F	C	B	G
V	E	V	L	M	C	R	O	A	D	U	P	E	E	L	I	K
P	H	Í	V	I	E	X	L	T	N	I	G	Y	T	H	E	O
C	É	R	A	S	O	Í	O	I	R	A	R	G	A	N	N	C
Q	Q	F	O	C	I	X	A	M	J	O	M	S	S	V	E	Ñ
R	U	R	A	L	F	U	S	X	I	Z	V	G	Z	I	S	C
M	P	E	Ú	C	Ñ	H	É	C	D	J	Á	C	B	J	Ú	Á

Jurel	Ingreso	Labor	Huevo
Empleo	Plazo	Cif	Café
Avena	Apio	Algodón	Agrario
Bienes	Betabel	Cardumen	Cardamomo
Centeno	Rural	Origen	Desnutrición

Puzzle 15

C U Q Y Ó Ñ G F L A Z Ü S O K Á S
S U V Y M É U G G X I B G Ñ Í A J
W Q N L A B R A D O R N F H R Í Á
T A L Ó S M S O Ñ A A G C N X J P
S T D G I T S P O M L D Z Ñ H A L
P P Ó N O C E L R V E U I Q Ñ D A
Y U E M A Ñ A N V M I C Ñ O W F B
N O C J H M O R O H J T D A J V R
O P I U Q E E G G S S G A U R O A
Ó O Á G V L R D K E O I L R T C N
X I Q M X A B A M E T O M N E L Z
X L X C F N A X X P S N R O L P A
Ú O D Í E U C N M A E P I M W L O
F P A C V P I Ó R C O M I E N Z A
O O W A O A D I C I T C E S N I T
R G A Á V A G Z P P B Ñ Ñ W Y I H
R I N E S T I M A C I Ó N J O R T
A L K O L T Ñ K K F T S O I D E M
J O H A H M E U I Y C R S G W Y F
E P I K D W Q A G C P W J W Y Ü A

Demografía	Demanda	Equipo	Estimación
Forraje	Girasol	Gasto	Hongo
Insecticida	Integración	Labrador	Labranza
Cup	Operativoo	Comienza	Mango
Medios	Oligopolio	Ñame	Paño

Puzzle 16

R	B	W	P	L	A	G	A	Y	O	E	U	Q	S	O	B	Y
U	A	G	R	I	C	U	L	T	U	R	A	I	W	L	Ñ	H
Á	N	E	S	E	N	O	I	C	A	T	R	O	P	M	I	P
P	A	A	A	C	L	A	R	I	A	G	U	C	Í	W	O	Í
A	N	M	G	Q	Ú	G	A	L	D	I	U	L	A	Z	V	Á
Y	O	A	B	U	J	E	C	N	A	L	A	B	T	U	Z	L
L	Ñ	Ñ	S	G	A	O	Ü	J	U	T	C	S	X	F	A	R
Q	E	A	V	Ü	X	A	Í	D	A	Q	S	N	U	S	Ü	B
C	Ó	P	I	A	G	E	B	Ó	A	A	P	E	I	É	A	I
H	H	W	C	E	S	R	D	M	Ü	M	B	B	R	V	U	O
E	U	Ú	U	A	R	D	N	E	M	L	A	D	K	O	E	L
C	L	S	R	N	T	D	E	N	C	A	É	U	I	X	F	Ó
N	W	Y	U	I	U	T	Ü	A	Y	J	U	D	C	V	C	G
J	A	O	Y	R	V	B	R	S	Z	N	E	O	R	O	É	I
M	L	D	M	Y	A	P	Ó	D	V	A	O	Ó	Í	Q	C	C
O	O	N	A	C	A	B	A	H	C	R	N	V	B	F	U	O
E	C	I	B	M	F	N	Ñ	G	V	G	M	M	X	X	H	F
P	Í	W	I	T	Q	R	C	J	L	O	I	X	X	N	P	D
V	P	L	Z	I	O	R	T	S	E	B	A	C	R	I	O	A
O	A	S	A	M	Y	L	O	D	F	I	Y	T	X	S	C	K

Plaga	Abisal	Agricultura	Agua
Ají	Almendra	Apícola	Balance
Cabestro	Bosque	Banano	Carpa
Coco	Biológico	Chabacano	Forestal
Granja	Importaciones	Lima	Masa

Puzzle 17

P	I	M	I	E	N	T	A	N	Y	X	X	M	Ñ	M	O	H
Z	A	N	A	H	O	R	I	A	Y	O	S	F	E	U	O	R
C	C	T	I	B	U	R	O	N	E	S	Q	M	W	K	M	Y
Z	E	Á	Y	N	R	P	I	Ñ	U	E	B	Ñ	W	O	R	M
N	I	W	G	O	E	Q	Z	Ü	E	R	V	H	D	D	G	R
Á	T	V	O	G	I	G	O	L	I	A	Z	W	Z	O	Z	F
K	E	P	G	Ú	C	V	J	L	L	T	A	O	C	T	A	S
W	I	N	A	Y	I	Ó	L	L	W	E	Ü	D	K	É	P	A
A	Í	Z	C	X	F	O	I	H	E	R	B	Z	N	M	A	L
B	L	Á	T	D	R	M	Y	Z	J	R	P	H	H	I	L	V
A	G	Ü	I	N	E	P	T	R	A	A	I	S	U	F	L	A
C	S	G	V	S	P	I	Z	L	L	T	E	W	T	É	O	D
A	Ü	L	O	L	U	O	Q	E	E	E	N	I	Ú	L	P	O
T	H	Z	S	I	S	V	B	Z	N	N	S	I	E	Y	W	C
E	M	T	E	M	X	X	T	T	O	I	O	Q	I	N	Y	L
T	V	W	C	Ó	E	X	I	S	T	E	N	C	I	A	S	M
Ñ	Y	G	A	N	F	T	P	J	Ó	N	B	Í	N	Ú	X	I
E	K	H	D	U	E	O	P	O	S	T	L	A	R	V	A	X
O	R	W	O	E	Q	P	Ü	G	X	E	W	P	Q	P	Q	T
S	C	F	N	A	J	G	W	A	F	U	K	Y	J	Ñ	L	E

Limón	Membrillo	Método	Pimienta
Pienso	Postlarva	Salvado	Secado
Semilla	Terrateniente	Tiburones	Tonelaje
Existencias	Zanahoria	Zapallo	Superficie
Soya	Abacate	Aceite	Activos

Puzzle 18

A	H	O	R	R	O	X	A	N	C	H	O	A	E	J	Y	P
S	Á	U	S	J	N	S	O	B	A	Z	H	M	D	O	R	É
E	A	H	Ú	F	I	E	O	Z	N	A	B	R	A	G	L	D
X	C	K	Q	V	U	R	E	R	K	W	O	T	W	E	Y	W
V	Y	B	L	P	Q	O	X	L	O	A	T	S	I	Ü	G	A
W	M	G	Z	Q	E	T	P	M	C	F	Á	E	T	Y	W	Z
O	X	G	É	L	B	C	L	Ü	A	V	I	W	X	Ü	Ü	M
É	P	U	E	S	Q	A	O	K	P	J	E	Q	B	O	Y	Q
K	Y	N	K	O	Ú	F	T	L	R	S	T	M	K	E	Q	P
X	Ñ	O	K	N	D	S	A	Z	I	L	A	T	R	O	H	R
F	A	N	U	A	E	W	C	A	N	J	U	P	É	Q	T	O
J	I	I	E	R	N	X	I	K	O	K	H	Z	C	P	A	D
X	C	T	T	G	S	O	Ó	Ó	S	F	A	A	S	A	S	U
T	N	S	A	G	I	U	N	R	Ü	M	C	C	Y	Ú	E	C
P	E	E	C	Í	D	A	C	N	K	A	A	S	H	G	R	C
A	I	D	A	W	A	Y	D	A	O	S	C	C	H	W	P	I
C	C	E	U	E	D	L	É	I	B	D	Q	U	V	P	M	Ó
G	I	Á	G	R	O	D	A	C	I	D	N	I	O	F	E	N
O	F	C	A	T	L	A	M	I	N	A	Ú	D	M	Ñ	A	V
C	E	K	P	D	F	Q	O	R	J	L	Ú	S	Q	Ú	W	P

Ahorro	Aguacate	Animal	Anchoa
Cacahuate	Cacao	Caprino	Densidad
Destino	Eficiencia	Empresa	Equino
Factores	Producción	Garbanzo	Granos
Indicador	Hortalizas	Explotación	Agüista

Puzzle 19

E B Ü V I V E F Q Ñ U Ü D F Y M I
M Y R A I F O X L W U D E Á C T B
A N A A T O O E P C H H M W B É A
S U Ó O T Ú F R N L F N A X K X N
O C Ú I Ó R C F M É O U N J E F Ó
I N E S C D E V A A G T D U Ó G I
X N Á U E A N F P T C O A W Ñ Ñ C
Y Ó C M A D C Ó O V U I M C M G A
E I K H R X A R I B P R Ó O I Z L
S C Í G D J R D A C F Z F N H Ó F
P A U Á C H E A I B C É N Ó A W N
E L D O N O E T N L M U A P A H I
C U I I V J O F O U A E D Í T P R
I M Y I F R I J O L A N Á O U X E
A R A R E U G I H G E F R Ñ R M P
H O G A R R Á P S E W Ú F E B P I
E F S A M A R G O R P E R N T H H
D M Q Ñ Ú H P V Ó Q I I E P Z X E
Ó C K C Ñ N E A S F O K S Y T M E
A S Z X L D U W N Z J M A U B O O

Higuera	Hiperinflación	Homogéneo	Fresa
Frijol	Fruta	Formación	Bruta
Formulación	Programas	Explotación	Externalidades
Producción	Fauna	Espárrago	Especia
Demanda	Oferta	Elote	Embarcación

Puzzle 20

U	J	L	D	A	N	Á	L	I	S	I	S	M	V	T	D	U
B	É	V	A	H	W	Í	T	P	Ü	Z	V	N	E	C	R	Ó
A	Ó	H	A	N	A	L	K	K	A	D	M	L	Á	R	J	O
X	Z	E	Í	T	A	C	I	T	S	Í	D	A	T	S	E	K
L	C	R	Ñ	Í	A	Z	P	Y	B	M	R	G	P	G	H	P
G	B	B	Z	R	N	R	N	J	N	F	Z	O	A	X	E	D
N	J	I	H	T	Ó	R	A	A	D	C	Z	N	R	D	H	M
P	O	C	S	Z	I	N	É	N	M	V	P	O	U	A	U	I
É	E	I	Í	J	C	O	U	Y	C	U	E	X	T	H	O	C
C	O	D	C	S	C	M	E	D	I	E	O	O	Y	S	R	R
S	Í	A	N	A	E	H	G	R	O	P	L	P	V	U	R	O
C	T	E	Ó	I	L	D	M	B	T	D	L	A	É	S	M	C
F	O	S	I	L	O	F	S	Ó	X	S	É	L	R	G	A	L
E	L	T	C	T	C	Y	N	A	W	N	E	O	H	I	R	I
J	L	A	C	Í	E	O	R	A	Ñ	Í	F	U	Ú	S	A	M
A	I	C	A	V	R	E	T	Ó	T	W	Ú	C	M	J	C	A
I	V	I	R	O	D	W	P	P	X	S	B	G	E	B	U	F
T	O	Ó	F	A	Á	S	U	M	C	E	E	F	J	Ñ	Y	E
S	N	N	L	C	Z	X	C	É	S	M	T	W	W	Ü	Á	Z
E	F	E	S	T	A	D	O	I	Y	L	Y	E	W	C	W	K

Estación	Estado	Estadística	Estanflacion
Estiaje	Fracción	Arancelaria	Ladera
Lana	Manzana	Maracuyá	Análisis
Microclima	Nogal	Novillo	Nudo
Muestreo	Recolección	Hato	Herbicida

SOLUTIONS

01

O	R	O	V	Í	B	R	E	H	H	O	Z	O	I	C	Q	U
P	G	D	N	Z	Q	I	S	Á	D	Á	T	I	L	Y	N	O
Ú	A	H	U	M	A	D	O	B	A	N	Í	B	F	U	T	Q
T	X	Z	U	Ü	A	Ñ	C	H	E	R	S	Y	X	F	I	L
É	F	F	A	B	X	U	O	M	S	R	E	C	U	A	C	R
E	A	E	P	Í	X	G	A	T	I	Z	K	R	A	O	M	L
M	I	V	U	U	D	T	W	Á	N	T	E	L	R	I	C	S
B	R	A	Ü	Y	R	R	V	G	D	T	M	N	Á	A	O	O
A	A	L	I	A	C	K	X	O	I	V	U	F	O	D	B	N
R	I	U	P	B	X	S	N	É	V	K	G	D	T	T	O	Ó
C	D	A	F	O	L	R	O	F	I	H	A	E	R	X	L	I
A	A	C	Q	T	G	O	P	N	D	R	F	F	O	T	G	C
C	D	I	J	E	K	E	H	W	U	G	Ú	A	C	G	V	A
I	I	Ó	Ñ	L	A	O	K	T	A	Y	Ü	H	W	T	P	U
Ó	R	N	A	L	Ñ	I	C	L	L	O	A	Ú	D	Ú	J	T
N	U	T	R	A	S	U	L	O	M	R	Z	S	W	J	Ñ	I
É	G	U	B	M	R	O	M	O	E	I	D	J	E	C	E	S
H	E	Ó	O	T	H	D	A	O	N	G	Q	L	T	D	R	Í
A	S	Z	S	Z	Ü	B	M	Ú	T	M	E	D	I	O	D	E
H	H	E	H	D	Q	Ó	J	É	E	V	Ú	C	E	Ü	Y	N

02

Ñ	H	E	T	O	B	Q	X	G	T	H	D	G	T	Q	Ú
O	W	A	E	Ñ	B	E	N	E	F	I	C	I	O	V	Ü
N	M	R	X	E	L	A	T	I	F	O	L	I	A	D	O
I	O	U	Ú	Ó	B	T	P	Í	J	U	C	I	Y	K	Q
T	F	T	A	L	O	C	Í	R	G	A	O	B	G	C	F
S	E	L	L	F	A	R	E	M	I	R	P	É	O	A	Í
E	R	U	O	P	L	I	I	O	I	Ü	V	N	G	S	C
D	T	C	Ñ	O	R	U	E	Ó	P	É	I	O	R	E	E
B	A	I	A	É	M	A	C	Ü	H	N	P	B	A	S	O
A	I	C	P	U	Z	Í	D	T	V	I	Á	B	L	E	E
C	O	R	S	F	P	S	C	E	U	F	M	D	T	R	R
Ó	T	O	E	R	Q	H	N	K	W	A	P	D	N	E	B
R	T	P	E	W	Ñ	T	I	U	G	R	C	Ñ	Ó	T	O
Ñ	I	S	N	W	A	Í	Í	O	Ñ	Í	D	I	X	N	S
P	T	A	G	R	I	C	U	L	T	U	R	A	Ó	I	P
A	Z	M	I	N	I	F	U	N	D	I	O	Q	N	N	Ü
A	Y	O	M	I	R	I	H	C	H	Q	X	I	U	R	T
Ú	S	E	J	A	I	V	O	P	Á	N	M	R	R	K	F
G	J	K	H	T	A	É	Q	F	O	V	Z	F	Ü	K	X
C	I	V	M	F	B	T	B	Ü	A	F	R	Z	J	O	R

03

S	X	P	Q	Z	D	R	S	J	W	O	T	R	R	W	T	A
L	N	N	Y	M	O	H	N	S	O	D	U	C	I	P	M	Q
A	N	T	X	F	C	Z	Ó	P	R	D	L	M	L	O	A	M
E	O	Y	Y	M	I	G		Z	R	O	Y	T	R	T	Y	D
R	T	A	F	P	F	P		A	C	I	T	S	I	R	U	T
N	R	R	H	Q	Á	B	A	L	O	S	U	E	Z	E	W	D
S	O	R	N	G	R	H	C	I	R	A	P	V	N	R	O	C
S	C	A	U	S	G	Z	I	N	J	L	D	O	V	O	W	O
H	O	J	F	W	A	M	F	M	T	I	M	P	B	R	I	R
P	R	O	D	U	C	C	I	Ó	N	D	R	E	W	S	J	N
U	E	M	A	D	M	Z	F	L	C	A	F	R	W	A	A	V
J	M	Q	A	O	F	R	A	K	R	F	U	A	J	Í	U	Y
G	T	O	Z	L	R	I	R	C	M	H	N	T	S	T	T	B
N	M	N	L	Y	B	P	T	D	X	Z	C	I	Z	N	O	I
Z	B	X	E	T	T	D	S	N	O	Z	I	V	S	A	R	D
D	W	R	O	C	D	G	E	U	A	Q	Ó	O	M	R	I	J
Q	O	G	R	N	A	F	L	N	W	C	N	S	G	A	Z	B
K	K	S	C	X	O	J	D	R	I	N	E	L	A	G	A	T
U	P	F	E	V	Z	B	D	V	U	N	P	R	J	Y	D	S
Z	K	M	T	V	Y	N	A	A	G	N	A	L	A	M	O	

04

O	V	I	T	C	E	L	O	C	D	V	Z	Y	A	N	S	L
G	E	W	A	A	C	R	O	Z	A	M	H	C	V	E	P	S
E	G	D	R	B	G	I	E	N	U	E	A	P	A	C	A	J
F	E	B	P	J	Z	B	R	H	T	Í	A	F	E	M	Í	M
V	T	R	T	M	H	W	B	B	R	E	Z	M	R	A	S	N
M	T	A	N	G	I	B	L	E	C	T	M	C	B	C	E	T
M	Z	W	A	X	H	E	L	C	X	N	H	Z	L	O	S	R
B	Q	J	A	S	N	E	F	E	D	E	Q	S	O	G	W	A
D	B	R	H	N	T	W	L	K	M	U	J	C	Q	I	S	T
Q	N	N	B	S	S	E	S	B	I	P	L	E	U	D	Q	A
U	U	A	O	Q	W	E	C	N	O	R	U	A	E	A	L	D
X	V	H	S	C	F	A	T	N	P	T	H	T	O	M	K	O
C	P	T	D	L	T	A	G	N	I	A	U	J	C	U	Y	E
X	Y	E	W	N	N	Y	M	L	E	F	G	B	M	N	A	G
Z	A	T	E	C	S	A	I	T	O	I	I	F	J	D	C	J
C	G	V	E	J	Y	D	K	Y	S	D	R	C	U	Q	C	H
M	Q	R	B	R	A	U	J	G	P	T	U	T	A	F	A	B
Q	S	M	A	D	E	N	O	M	P	D	Q	Q	U	R	E	N
L	Í	Q	U	I	D	O	B	D	A	T	O	S	V	N	I	H
S	E	J	Z	O	U	N	F	S	C	A	R	G	R	S	W	R

05

I Z M I G R A C I Ó N S Q T Z A J
V Z D W U Y A O Y I G O G I R T I
F I M U A W H M L T F Y B N P H Q
E Q G O N R Y E B Y V W O V I F U
N M O K V A E R W R J S E D X P E
B Q H E J I T C V N R M A N O V S
K U C A A N N I R E J D L L V D O
J X N X K M S O P E I N E D M Z K
P G A Ó A S E H I L T D Y A S L V
A P R S I D Y R I C O J S O Á V T
O C V E J C Z B I M E C O X B E Y
X R W H Z R A A W C G R E B I G F
X E D R V T Z C U T A H P L L E F
X C E P N Q S Q I D I N G F A T X
Z E G O E D G O R F I C O K R A X
T P C P T N J F G H I E L E M C E
V T T A X G S P L N W N N G V I I
N I V L C V S I W C F H A C V Ó C
L V S M X G V S Ó B F C U L I N M
U A D A R F A T E N N F M C P A U

06

I K Y M A B F Q C S V H O O G B C
F X C S I P Y J G A Ú T P L Y Q O
K P Í O T R X Q C I U L L E C L N
U F M D D O O Í V R A S Z C F I G
Q I Ñ A E B O D B Z K L Ü U U B R
K M P Z S A T R O G Q F T É K R E
Q P A I I B E Y C T S Z Z P C E S
U U R L G L O P W E T K E M Z G O
H E U I N E E D R Ñ E I K M G T S
S S T R A A E O A M M A R C A M D
Y T L E R W L T N R P Á A K E M P
R O U T J A M C S U E D E D W A S
J S C S V Í M U Q Ó S D I W Ú T L
M P I E Í E J R I Z T D N G F E S
K U V Q F Y Y F I X A I W A X R C
M J L E N P H U P E D W H Ú B I Z
X Ó I H R Z Á S W X G S C N O A D
Á X S U D V N U N J T O W R Í L I
K D Á R Z L E Ó D C J Á Z Q C P Ó
J P X R C I R C U L A N T E T E A

07

M Q N N L A I C N E G A F A Z K E
Y Q Ó E O G P H I Z U Z J A A W L
T A I Z G B X A Y F G I H B F N M
G M C C S C C B R K O A M F R L G
L Ü A C W U T I Ñ I Y V Z R A Í S
P Y V L R S U T Í A D E T A É F O
F D I I Y E K A T O G A V O M I C
T F T U A J D C D R F N D I O N T
E L C C R A S I Q E R E R B N A L
Q A A P E I F Ó T M C N G Z O N T
Á Q E P D V V N D A É T G J P C T
T V R S A F I R A T T L R S O I L
O V T S R X U É H J R I X C L E C
R K É P P O V I T C E L O C I R Ú
O Y Á V V W Á S Y F P Í C N O O W
Y J M R Ú D O P A U P E R I S M O
M C O T N E I M A J O L A B I A J
H U Y E N G O Z A L P Y G E W H P
P Q T Í X W A R E U M L A S N Z Ü
X X N Q N C Q C G P U Ó C É U F W

08

Ñ Z Í W J P P A R E D A M J Á X L
J Ñ F V G R X L I K T V L G H Q Ñ
Ü O X N A A Ñ A T E L P M O C V D
K A Q W H R T A N N O U T P Ñ J Í
T O F B I Ú W C F B É G I H N K K
X H M R A P I O D Í Z H I I Y Ó A
S G K M S Ó Á N F E H N D D Ú Ó M
O Ó Y S N E Y C Ó Á K Ó Í R M E L
M K T U R C O Ñ U I L I Y Á M Z A
U R I R A E N I L E C C F U Á L P
S Y L I N W A A C L N A Ü L X E Q
N H I M G Á Q H N A Á T I I I C S
I Ñ B R I Ó E Y R N B O A C M H Q
I T A G H L G Z Y I Y L K A O O L
Y F L A W O L I A G E P N F D S I
O V I T C E L O C I U X E D J A A
P D A L N F Í P V R G E W C D V R
U M V X N D H Í G O A Ó R R N F T
W B A U F A B R X A M J R V L S Ó
Ñ N M I R R I G A C I Ó N H E J F

09

T S Ó Q Y B Ñ C K M K Z Q D J B R
Y C E D T E C N O L O G I A M J E
U M S A C I L B Ú P O S Ü Q U M X
N N T W R X É D W S S E O G E P C
W A A P H X É S X P T F A L G G L
Ü T B A K N F K G L R N Ó S T A U
U S L P F T I M T A A N I W Q D S
S E E A L H I V G D S J S I Y E I
N R C Y T E W Ó E B Z Q I E Y N V
Y P I A T W N R U L H O T K T O A
O Ú M B P U Í T E S P G Q E R M L
W O I G W A R Ñ E T S C R E Z P Ñ
Q W E A M U R I W J Ó C M Í O M Ó
O O N Y Y M I F S U A Ú A Ñ E L P
G S T Í Í I É G I M N Z B S Ñ H N
T X O S U V A T B O O Q N L E Q Z
J T M O S A N I O R B Ü Ó Ñ É Y Ñ
G S M R Ü K O T J D J O Ü U V O Ü
D J L G H H A Á K Q O L M K W O H
Ñ E K O C Ú Y R U Y R S O Á L Z D

10

P A S E R P M E S J P C W A N N X
A V H Z T Z E M B I S C M O G X P
H W W M A T O R R A L N L A N C E
É X S W W H Ü A N I F Á B Q V I Ñ
Q L U T G X B D U O O U Ú Z U A Á
K P B E L M Q D Ú P J O N F F I D
P Y Y H O T N E I M A S E C O R P
A W A B B Í W Ñ T R Ó Í S X I Ü P
T N C G A E A W L Á E P W F J Ó K
A Z E P L L Á L H D S C Y I T P N
T E N Á I A E Z I A M E T F Q H B
A L T Q Z N U N D S K O C O Z U O
Ñ A E U A G K K I G M H X C R L A
K D B Í C O J N S A A H A D H E A
E M D S I S D B T E Ü N E B S E S
C I Í Y Ó T W E Z L C X A Á A F Y
I T Q Í N I H C X E B I T D S P C
H I Ú R P N C E Z V M Y D U O R M
A R Q G L O M F É K N B C N Q Ó M
N A O V T S P M A N G L A R Í W Y

11

T É N Í T Q D A V B E S D U I L Ú
L I J E R E P Y I V M B M Q M J E
G G G B V Q D S N S A L C A N C E
G S R Á S I D A I M N T V N U R D
E N A U E V Í L L J T J M L U X M
D U A B L Z O A H L E Ñ X Ü E O Ú
O Í C Y A A Ú R H Í Q D Í Z N É Z
H R S R N N R I M U U R I O P J A
U Ó E P O Q A A I E I K C A I Y M
H S P U I H R L K É L U J G N R A
P R P J C Í T P V Q L O B L Á K F
O P A I O H G Í I T A P C B Q U O
D L R N M M G G I D Z H A O Y S R
E P V G E C Q V Ñ É F N X B T E O
R I A L G I O V E O O X U Y Y Ó Ó
C M D E G R U A C T I V I D A D N
A S A S O V I T E J B O I F K G M
F K D A I Y D O O O P Ñ R A Z A C
O L B B O J J K E J Í Y W W Q F A
Y B R T C O N G E L A D O S Y B R

12

E H H A E E J M P O B R E Z A T M
A D A D I V I T C U D O R P G Y Í
E R W M J F S W Z C Ú E D U E Ü M
T J O E O A S G A W Q E A I X Ú B
Y L Z D N P I L W K B Y Ü J O Y T
O X L I A O I A I P A L I T L R F
X R D Y T D F E Ñ B S A I A I D S
R A Ñ M Ó Y I P A G T M R L N O T
D T K Ü P E B L B S L U L A Ñ G N
E Í R B A U Q Ó O A R A I A L X L
S Q E G G L N G P S D O B Y M A J
Z Á G Ú Q E N L Ñ O N E L Ñ N Á T
G F I V I A T I R O R O W M F V Í
S B Ó X L M I A B H Z S C B P N T
S G N P A Í M O N O C E O R C I M
E Á H E T E R O G É N O A N O Z L
C L L L K Y Q L B I A V W H A P L
T Í O C A B A T H A K Z L Á A L I
O C J D H A C O I D N A M D A Ü P
R J N K J U J Z R J O P É Y G O Ú

13

```
U R O Z L E I R B A L R W B W P C
G Ú N I S Ü J S I I S K O M R P S
O F O E A H F J D R C A A C A B É
C R B J I T F R U T A S Ü G N O F
I A A C Ó Z R B P E É D E T A O N
K Ü B H M X X V O M R Q H É R T C
L C V O C M H A L O Ú Z R Í G A V
C M G O S E B G E N T É U T S I O
V G Í R T J V R S O D F B Y E N J
R A Ñ E O É Ú O T C F T K Q D O H
U R L I E J O T R E Q H B R T B I
N B L C X N A U I P E F O T L N H
L A Ñ N Í O L R B V A L P T F A C
A C N A K N I I O J F C Y L T U R
L W R N N I K S R I E H A K I T R
F M E I G T O M L F R C A V E Ó Q
A Á D F L S L O G D I J X Á X N G
L G A R P E C C R Ó V Ú X Ü I O W
F J U R M D I Q N L A I D N U M J
A L K G B F C O W K H W O O T O W
```

14

```
G S K Q I N E M U D R A C G N M W
J D E O E F E M Y J V Í N X Y D V
I Q U G Ú Ú M Y E Y Y Ó Ú Á E X N
K L I X E O V E U H D G W S L E Y
Z R R Ü A K Ñ L U O K X N W O V Z
O R K Q S R E Q G Y N U Ú M Y X E
M E O H K R X L A Y T A O T I W I
Z U Z O U Ñ A K E R S M V X Ó E Ú
F F D J M I X H I B A J D E D A V
G R O P N I G C T D A Q G I N Á G
O I Z Z Á H I Ñ R C S T J Ñ N A É
Á E A U A Ó O A U I N R E I R Ú C
É L L S N P C F N P O W T B W X Ñ
I N P P N C I G V B I N Í F C B G
V E V L M C R O A D U P E E L I K
P H Í V I E X L T N I G Y T H E O
C É R A S O Í O I R A R G A N N C
Q Q F O C I X A M J O M S S V E Ñ
R U R A L F U S X I Z V G Z I S C
M P E Ú C Ñ H É C D J Á C B J Ú Á
```

15

```
C U Q Y Ó Ñ G F L A Z Ü S O K Á S
S U V Y M É U G G X I B G Ñ Í A J
W Q N L A B R A D O R N F H R Í Á
T A L Ó S M S O Ñ A A G C N X J P
S T D G I T S P O M L D Z Ñ H A L
P P Ó N O C E L R V E U I Q Ñ D A
Y U E M A Ñ A N V M I C Ñ O W F B
N O C J H M O R O H J T D A J V R
O P I U Q E E G G S S G A U R O A
Ó O Á G V L R D K E O I L R T C N
X I Q M X A B A M E T O M N E L Z
X L X C F N A X X P S N R O L P A
Ú O D Í E U C N M A E P I M W L O
F P A C V P I Ó R C O M I E N Z A
O O W A O A D I C I T C E S N I T
R G A Á V A G Z P P B Ñ Ñ W Y I H
R I N E S T I M A C I Ó N J O R T
A L K O L T Ñ K K F T S O I D E M
J O H A H M E U I Y C R S G W Y F
E P I K D W Q A G C P W J W Y Ü A
```

16

```
R B W P L A G A Y O E U Q S O B Y
U A G R I C U L T U R A I W L Ñ H
Á N E S E N O I C A T R O P M I P
P A A A C L A R I A G U C Í W O Í
A N M G Q Ú G A L D I U L A Z V Á
Y O A B U J E C N A L A B T U Z L
L Ñ Ñ S G A O Ü J U T C S X F A R
Q E A V Ü X A Í D A Q S N U S Ü B
C Ó P I A G E B Ó A A P E I É A I
H H W C E S R D M Ü M B B R V U O
E U Ú U A R D N E M L A D K O E L
C L S R N T D E N C A É U I X F Ó
N W Y U I U T Ü A Y J U D C V C G
J A O Y R V B R S Z N E O R O É I
M L D M Y A P Ó D V A O Ó Í Q C C
O O N A C A B A H C R N V B F U O
E C I B M F N Ñ G V G M M X X H F
P Í W I T Q R C J L O I X X N P D
V P L Z I O R T S E B A C R I O A
O A S A M Y L O D F I Y T X S C K
```

17

P I M I E N T A N Y X X M Ñ M O H
Z A N A H O R I A Y O S F E U O R
C C T I B U R O N E S Q M W K M Y
Z E Á Y N R P I Ñ U E B Ñ W O R M
N I W G O E Q Z Ü E R V H D D G R
Á T V O G I G O L I A Z W Z O Z F
K E P G Ú C V J L L T A O C T A S
W I N A Y I Ó L L W E Ü D K É P A
A Í Z C X F O I H E R B Z N M A L
B L Á T D R M Y Z J R P H H I L V
A G Ü I N E P T R A A I S U F L A
C S G V S P I Z L L T E W T É O D
A Ü L O L U O Q E E E N I Ú L P O
T H Z S I S V B Z N N S I E Y W C
E M T E M X X T T O I O Q I N Y L
T V W C Ó E X I S T E N C I A S M
Ñ Y G A N F T P J Ó N B Í N Ú X I
E K H D U E O P O S T L A R V A X
O R W O E Q P Ü G X E W P Q P Q T
S C F N A J G W A F U K Y J Ñ L E

18

A H O R R O X A N C H O A E J Y P
S Á U S J N S O B A Z H M D O R É
E A H Ú F I E O Z N A B R A G L D
X C K Q V U R E R K W O T W E Y W
V Y B L P Q O X L O A T S I Ü G A
W M G Z Q E T P M C F Á E T Y W Z
O X G É L B C L Ü A V I W X Ü Ü M
É P U E S Q A O K P J E Q B O Y Q
K Y N K O Ú F T L R S T M K E Q P
X Ñ O K N D S A Z I L A T R O H R
F A N U A E W C A N J U P É Q T O
J I I E R N X I K O K H Z C P A D
X C T T G S O Ó Ó S F A A S A S U
T N S A G I U N R Ü M C C Y Ú E C
P E E C Í D A C N K A A S H G R C
A I D A W A Y D A O S C C H W P I
C C E U E D L É I B D Q U V P M Ó
G I Á G R O D A C I D N I O F E N
O F C A T L A M I N A Ú D M Ñ A V
C E K P D F Q O R J L Ú S Q Ú W P

19

E B Ü V I V E F Q Ñ U Ü D F Y M I
M Y R A I F O X L W U D E Á C T B
A N A A T O O E P C H H M W B É A
S U Ó O T Ú F R N L F N A X K X N
O C Ú I Ó R C F M É O U N J E F Ó
I N E S C D E V A A G T D U Ó G I
X N Á U E A N F P T C O A W Ñ Ñ C
Y Ó C M A D C Ó O V U I M C M G A
E I K H R X A R I B P R Ó O I Z L
S C Í G D J R D A C F Z F N H Ó F
P A U Á C H E A I B C É N Ó A W N
E L D O N O E T N L M U A P A H I
C U I I V J O F O U A E D Í T P R
I M Y I F R I J O L A N Á O U X E
A R A R E U G I H G E F R Ñ R M P
H O G A R R A P S E W Ú F E B P I
E F S A M A R G O R P E R N T H H
D M Q Ñ Ú H P V Ó Q I I E P Z X E
Ó C K C Ñ N E A S F O K S Y T M E
A S Z X L D U W N Z J M A U B O O

20

U J L D A N A L I S I S M V T D U
B É V A H W Í T P Ü Z V N E C R Ó
A Ó H A N A L K K A D M L Á R J O
X Z E Í T A C I T S Í D A T S E K
L C R Ñ Í A Z P Y B M R G P G H P
G B B Z R N R N J N F Z O A X E D
N J I H T Ó R A A D C Z N R D H M
P O C S Z I N É N M V P O U A U I
É E I Í J C O U Y C U E X T H O C
C O D C S C M E D I E O O Y S R R
S Í A N A E H G R O P L P V U R O
C T E Ó I L D M B T D L A É S M C
F O S I L O F S Ó X S É L R G A L
E L T C T C Y N A W N E O H I R I
J L A C Í E O R A Ñ Í F U Ú S A M
A I C A V R E T Ó T W Ú C M J C A
I V I R O D W P P X S B G E B U F
T O Ó F A Á S U M C E E F J Ñ Y E
S N N L C Z X C É S M T W W Ü Á Z
E F E S T A D O I Y L Y E W C W K

Puzzle 21

L	R	F	O	U	K	V	A	O	Ñ	P	A	Y	G	A	Y	K
X	Ó	Ú	I	X	Á	V	S	L	É	R	V	U	N	D	R	U
O	O	Y	R	L	M	E	L	A	Z	A	P	P	Á	H	E	G
L	V	R	A	O	I	G	M	B	X	G	E	O	S	M	M	F
H	I	D	U	M	P	L	Y	Ó	H	L	Í	I	I	T	U	X
G	T	M	C	U	E	N	X	R	Á	I	A	N	T	O	N	V
B	N	Á	E	S	K	Ó	Q	G	B	L	C	O	Í	S	E	A
N	E	O	P	N	V	I	I	A	B	Ñ	C	M	D	E	R	S
R	C	T	K	I	B	C	É	A	Q	Y	O	I	D	R	A	Q
F	N	N	O	B	O	A	O	N	É	M	M	R	U	G	C	T
V	I	E	T	V	R	Z	N	S	M	A	P	T	I	N	I	K
L	N	I	N	S	D	I	Í	F	Z	T	A	A	R	I	Ó	V
U	O	M	E	X	Ñ	N	S	T	Q	R	N	P	N	Ñ	N	G
R	T	I	M	H	P	A	P	V	L	I	Y	R	A	A	Á	C
H	R	D	E	L	U	G	E	W	O	Z	I	H	R	E	B	Ó
Y	E	N	R	Q	L	R	R	A	N	Q	N	K	A	A	S	G
S	U	E	C	Í	P	O	O	P	U	Ñ	G	D	N	I	R	B
Q	P	R	N	Ñ	O	F	B	E	C	C	R	D	J	S	N	C
R	R	B	I	Ñ	Y	L	Z	Ó	Z	Ú	T	E	A	H	R	Q
O	L	I	X	Í	V	A	U	N	O	G	K	V	A	D	Z	I

Accompanying	Organización	Incentivo	Incremento
Matriz	Insumo	Ingreso	Melaza
Naranja	Níspero	Pecuario	Pelágico
Peón	Puerto	Pulpo	Remuneración
Rendimiento	Riqueza	Patrimonio	Róbalo

Puzzle 22

V	F	N	T	O	D	F	É	Q	U	I	D	O	Z	Z	A	C
É	C	Ó	K	O	A	E	H	I	J	U	M	H	B	W	Ó	Ü
O	Y	I	I	Z	R	D	S	U	H	L	U	D	N	A	G	D
T	W	C	Y	Y	U	I	S	A	X	A	Z	E	L	A	M	D
E	Q	A	R	E	T	E	J	N	R	Í	L	J	D	E	I	E
X	H	T	E	M	L	Ü	J	Ó	P	R	E	X	E	W	M	S
É	J	O	F	A	U	M	X	I	S	R	O	Ú	X	I	Ñ	E
A	Ú	L	R	M	C	Í	E	C	P	A	R	L	S	M	J	M
Ñ	A	F	I	Ñ	I	H	V	A	E	C	O	L	L	P	F	B
A	I	V	G	C	R	Ü	V	Z	Ú	I	Z	Á	X	O	F	A
C	C	L	E	A	O	E	Ú	I	E	F	P	H	R	R	M	R
J	N	D	R	L	L	Z	Y	R	X	I	A	V	G	T	A	Q
R	A	V	A	A	F	F	X	U	H	R	S	Á	I	A	N	U
G	N	E	C	B	Á	K	U	E	S	C	T	J	X	C	D	E
J	A	Q	I	A	É	A	L	T	R	A	I	T	R	I	A	J
D	G	U	Ó	C	A	E	N	S	T	S	Z	R	O	Ó	R	J
J	Ú	I	N	I	C	Q	T	A	U	É	A	Í	E	N	I	Q
Y	F	D	Ú	T	P	U	D	P	Á	G	L	M	Á	G	N	É
C	S	A	C	A	R	O	S	A	W	E	Ú	X	C	B	A	F
Q	S	D	P	A	O	Ñ	N	E	S	I	Í	E	G	H	H	R

Caña	Calabacita	Importación	Desarrollo
Desembarque	Equidad	Équido	Flotación
Floricultura	Ganancia	Gandul	Maleza
Mamey	Mandarina	Pasteurización	Pastizal
Refrigeración	Regar	Sacarosa	Sacrificar

Puzzle 23

Ü	A	Z	N	A	I	L	A	Á	B	X	E	D	Q	K	U	X
F	A	L	L	O	C	A	T	I	O	N	J	T	P	G	I	D
C	O	L	Í	T	G	Q	I	M	Q	X	J	G	E	I	Y	X
N	Ó	I	C	A	Z	I	L	A	N	O	I	G	E	R	M	A
T	S	E	G	U	R	I	D	A	D	A	Z	A	F	A	T	A
L	E	U	M	A	L	B	A	R	I	C	O	Q	U	E	D	H
H	I	M	W	L	I	N	T	E	R	C	A	M	B	I	O	Ó
Z	Y	B	P	A	C	C	O	M	M	O	D	A	T	I	O	N
E	W	B	W	O	J	L	Í	O	I	R	A	E	N	L	A	B
M	J	R	S	N	R	B	E	P	Ü	K	M	P	J	D	C	Ú
U	B	O	V	Ñ	P	A	J	T	R	I	E	O	T	H	I	G
É	R	D	F	R	H	Ó	L	R	O	E	G	S	B	S	G	A
L	W	A	X	R	X	Ü	L	F	N	T	C	Ü	B	V	É	Á
Y	E	C	Í	A	K	B	Y	S	Ó	P	R	I	M	V	T	T
P	A	I	C	N	E	N	E	T	I	B	O	A	O	M	A	X
L	A	D	N	E	T	Q	T	Á	C	Y	U	O	P	S	R	H
Y	R	N	X	P	T	N	I	D	A	A	G	O	V	A	T	E
O	T	I	N	O	B	O	T	Ú	L	Z	J	Ñ	J	O	S	W
J	Ñ	L	P	R	S	O	T	S	E	U	P	M	I	O	E	V
R	A	J	O	N	J	O	L	Í	R	K	T	R	M	U	X	A

Allocation	Alianza	Estratégica	Apartotel
Indicador	Precio	Azafata	Seguridad
Impuestos	Regionalización	Relación	Intercambio
Balneario	Accommodation	Temporal	Tendal
Tenencia	Ajonjolí	Albaricoque	Bonito

Puzzle 24

H	Z	F	Ñ	Q	M	O	Z	R	O	H	K	E	Q	S	S	O
D	W	I	U	N	Ó	I	C	A	I	C	O	S	A	A	D	S
P	V	U	F	E	É	W	Q	W	B	O	T	N	E	M	U	A
Á	I	N	U	E	R	M	L	Ü	M	G	É	A	C	E	W	T
N	E	B	E	Y	Ü	Z	K	S	A	É	C	M	O	T	O	I
U	F	A	N	O	N	A	A	Ü	C	P	J	Ñ	Ñ	S	Á	Q
Q	O	O	T	N	E	I	M	A	I	C	N	A	N	I	F	T
M	L	E	E	E	T	A	W	P	A	Ú	J	X	E	S	D	M
F	E	H	S	M	N	E	N	M	C	W	D	C	Ó	Z	I	G
O	U	A	B	Ú	T	J	P	T	N	J	C	B	F	Ó	R	D
U	Z	N	N	O	L	E	A	Q	I	Z	X	P	Z	C	Ó	W
A	N	O	M	I	S	Y	N	M	D	C	C	U	F	G	N	G
G	A	A	Í	I	M	E	O	E	B	N	I	F	J	Z	H	M
R	C	C	N	W	M	A	C	K	Í	R	G	P	P	P	R	L
Í	F	O	Ü	O	E	X	D	E	F	A	E	P	O	A	A	W
C	Q	N	X	B	A	Í	G	O	L	O	P	O	R	T	N	A
O	K	W	D	X	O	Ü	U	Ü	R	C	W	É	I	Ú	Á	H
L	Y	Í	S	M	T	A	O	G	G	A	M	O	A	N	H	E
A	Í	I	M	P	L	Í	C	I	T	O	J	A	J	Á	V	N
E	M	O	I	R	A	S	E	R	P	M	E	O	C	D	D	D

Asociación	Atún	Aumento	Cambio
Camote	Campesino	Implícito	Pib
Sistemas	Animador	Anticipo	Antropología
Empresario	Agrícola	Enjambre	Fuentes
Financiamiento	Fuerza	Anona	Anzuelo

Puzzle 25

C	K	L	J	O	N	A	T	Á	L	P	Á	M	Y	Ü	U	Ú
A	H	Ñ	B	E	D	U	L	C	O	R	A	N	T	E	L	S
J	W	U	W	H	P	X	V	A	T	E	D	Í	K	É	Z	E
N	S	Z	Q	O	E	T	A	C	N	Á	A	É	L	Q	B	M
G	R	E	A	T	N	C	S	S	U	Á	S	W	P	W	T	B
A	P	G	K	Í	M	Y	S	Ú	O	F	L	E	Ú	A	P	R
T	X	V	A	N	A	L	F	A	B	E	T	I	S	M	O	A
S	D	A	D	I	V	I	T	A	E	R	C	X	S	U	K	D
E	O	T	R	E	I	B	A	N	A	N	Á	M	K	I	Y	Í
U	Ü	P	N	Ó	I	C	A	L	B	O	P	Q	M	P	S	O
P	Á	N	J	V	A	A	A	Í	C	N	A	C	R	E	M	E
M	U	S	N	M	M	P	O	E	L	P	M	E	S	E	D	C
O	A	Ú	I	O	E	N	I	U	G	M	E	R	C	A	D	O
C	Y	M	N	Q	T	I	G	E	N	Q	G	V	V	X	F	N
P	R	O	F	E	S	I	O	N	A	L	E	S	A	A	A	O
W	M	Z	P	F	I	F	Ú	D	N	A	U	G	L	S	E	M
I	Ú	S	F	L	S	B	A	V	L	E	S	K	I	J	V	Í
X	J	X	I	R	O	H	H	R	O	T	E	N	Y	R	E	A
Á	J	X	F	I	C	Y	I	D	U	M	Ó	J	I	Ú	H	D
X	E	R	T	Z	E	Ú	R	H	V	Q	Ü	G	G	Z	G	B

Analfabetismo	Ananá	Análisis	Profesionales
Creatividad	Compuesta	Desempleo	Abierto
Economía	Ecosistema	Edulcorante	Guandú
Guineo	Mercado	Mercancía	Plátano
Población	Selva	Sembradío	Neto

Puzzle 26

Á	P	A	G	Q	U	S	N	I	J	O	A	Ñ	L	A	O	T
S	H	I	G	E	P	Ó	Y	A	Í	Ú	W	T	N	J	J	Z
T	N	G	F	C	Z	L	J	Z	J	Ñ	L	V	J	N	A	N
B	F	E	U	A	Ñ	E	N	I	H	P	B	N	B	O	B	Z
R	E	T	C	Ñ	V	B	G	E	M	Á	A	T	C	R	A	O
Ú	Z	A	Ü	R	G	Á	V	T	B	Á	N	C	Y	O	R	R
H	Ó	R	A	A	Ú	Z	R	N	S	M	C	P	A	T	T	R
G	E	T	B	L	T	X	M	E	O	J	A	B	A	R	T	A
J	N	S	A	Ó	E	N	Ó	I	C	A	U	L	A	V	E	D
U	Ó	E	S	D	F	T	K	C	P	P	N	Ú	J	A	S	C
H	I	Í	E	M	A	R	I	I	Z	H	Ó	L	I	K	S	Q
Y	S	V	L	B	S	M	Y	F	S	B	I	Q	E	K	E	B
O	I	Q	W	R	A	X	R	E	L	Q	R	N	X	M	L	V
Z	V	Ó	N	Á	L	A	L	O	S	C	U	C	A	L	A	D
F	I	U	S	F	A	Q	D	C	S	L	T	C	U	Z	C	T
S	D	C	V	R	R	Í	H	U	E	Ó	S	B	A	M	S	É
Á	G	Í	Y	C	I	W	M	K	E	E	E	X	D	H	I	Ú
Q	O	U	C	V	A	I	K	Q	P	D	U	F	Ó	O	F	U
G	B	Y	K	L	D	Y	R	O	T	C	A	R	T	V	Ñ	Ü
F	D	V	M	D	O	S	Í	C	A	P	I	T	A	L	R	G

Toronja	Trabajo	Tractor	Capital
Cazón	Coeficiente	División	Trabajo
Dólar	Fiscales	Esturión	Estrategia
Deuda	Devaluación	Pesca	Arroz
Arveja	Asalariado	Banca	Base

Puzzle 27

A	R	E	V	E	H	Í	C	U	L	O	Y	F	O	N	L	Q
Y	N	F	D	T	D	L	N	P	I	C	G	Q	F	S	M	L
G	A	B	G	J	G	Ó	O	N	N	P	A	R	A	D	A	É
E	W	S	E	G	H	A	I	T	Ó	Y	A	M	E	A	I	Y
X	S	U	B	Q	Ú	W	D	W	R	I	G	X	I	T	E	R
U	V	F	M	L	D	G	X	T	A	E	C	N	J	N	G	T
I	A	R	E	T	E	R	R	A	C	H	U	A	R	T	O	S
N	V	Q	T	Z	Y	A	F	A	Z	Z	P	P	T	Á	U	D
A	E	R	R	F	F	F	S	U	O	Y	K	Z	O	S	Z	K
C	N	R	O	V	E	C	Ü	T	X	B	P	Z	W	R	E	Ñ
M	I	Ü	T	Í	F	R	F	O	L	A	C	O	C	H	E	Ñ
A	D	Q	O	E	N	Á	R	R	E	T	B	U	S	N	C	A
U	A	E	Z	S	G	O	É	O	S	G	V	Z	H	I	C	E
T	F	Ó	Y	O	L	B	Í	Ó	C	D	G	P	W	W	W	E
O	K	Q	S	Z	L	C	N	F	E	A	J	I	X	F	U	W
M	S	Á	J	N	R	J	X	Á	F	Q	R	H	T	U	O	E
Ó	X	Q	P	F	U	P	E	D	I	S	M	R	I	G	L	L
V	U	I	Y	C	T	R	D	Ü	F	Ñ	Ñ	R	I	L	É	W
I	H	V	Í	A	A	U	T	O	P	I	S	T	A	L	Z	J
L	K	I	X	I	X	A	V	I	Ó	N	P	C	W	R	S	T

Vehículo	Tren	Ferrocarril	Subterráneo
Metro	Camino	Vía	Ruta
Calle	Carretera	Autopista	Avenida
Estación	Parada	Avión	Aeropuerto
Automóvil	Coche	Auto	Bus

Puzzle 28

W	Ó	C	É	S	P	E	R	S	O	N	A	L	I	D	A	D
K	Q	K	A	W	I	F	A	L	T	A	Á	S	K	Ú	V	X
E	L	D	U	S	T	G	V	N	Ó	I	C	I	D	N	O	C
J	S	T	É	J	O	W	N	B	W	R	F	F	O	T	L	C
N	F	R	Ó	Ñ	O	K	Ú	I	F	F	G	H	N	K	O	A
G	Ó	E	N	H	E	I	J	M	F	C	I	E	K	N	A	R
R	Á	I	M	I	S	Y	G	Í	O	I	I	K	C	S	Z	Á
U	I	L	C	C	E	É	C	N	H	M	C	E	K	W	E	C
P	Ñ	V	Ó	A	D	X	J	T	A	N	P	A	R	E	T	T
O	M	I	L	O	E	U	U	S	Ó	T	T	G	D	Y	S	E
M	X	U	D	S	N	R	N	I	O	T	Ú	X	G	O	I	R
R	G	H	V	T	G	E	C	X	Z	Ñ	Z	J	N	Í	R	K
R	W	C	O	B	P	C	A	P	A	C	I	D	A	D	T	X
P	T	J	A	M	U	A	Í	Á	V	T	U	K	R	W	A	Ú
S	P	Ü	O	R	M	I	G	T	Y	B	Z	É	V	R	Í	M
Q	É	A	T	E	B	G	D	Ú	N	Á	I	J	B	H	R	L
R	P	S	T	X	T	Ú	S	Y	G	É	O	C	Q	X	G	K
T	E	J	O	D	R	E	U	C	E	R	W	K	J	O	E	E
D	Á	É	V	N	Ó	I	C	N	E	T	A	W	V	L	L	Ó
J	F	H	R	Ó	F	A	I	R	O	M	E	M	Ó	K	A	L

Falta	Significado	Carácter	Personalidad
Pensamiento	Memoria	Recuerdo	Deseo
Alegría	Tristeza	Atención	Capacidad
Concepto	Tema	Condición	Caso
Conjunto	Grupo	Creación	Destrucción

Puzzle 29

U	F	S	Ñ	D	A	G	U	A	P	T	F	A	T	Z	W	D
Ó	Á	U	D	P	W	X	Z	X	M	L	M	S	H	M	C	R
M	R	Ñ	Q	Ú	D	D	A	R	O	L	A	C	X	O	P	O
Á	K	N	S	S	Y	É	I	L	O	V	P	C	U	H	L	I
C	L	O	G	E	U	F	C	R	Y	P	L	E	V	I	N	X
E	A	K	T	F	O	Q	N	E	A	P	A	T	E	P	É	I
G	K	B	S	O	M	Ó	E	J	N	Ü	G	V	X	Y	J	B
G	T	Y	O	D	M	U	U	O	I	N	U	Z	Q	B	M	Q
M	S	Ñ	S	A	J	G	C	S	H	Q	I	M	Q	F	V	I
Á	S	É	E	R	O	P	E	A	J	Z	C	F	C	Q	J	X
D	H	Ó	C	G	C	R	S	P	A	O	I	F	A	L	W	I
N	X	C	O	Í	I	W	W	I	O	F	D	C	H	M	B	D
K	W	H	R	E	X	Z	R	M	P	L	A	N	T	A	M	W
E	R	L	P	T	S	E	K	Í	F	Y	P	S	C	Q	W	N
Q	J	S	F	R	B	M	M	Z	F	K	S	H	E	Q	Á	N
B	N	C	C	X	J	H	I	E	L	O	H	O	U	F	T	E
S	D	K	U	J	K	Y	E	A	T	M	Ó	S	F	E	R	A
D	D	O	W	J	G	V	Q	P	Í	Í	K	O	Q	W	Í	O
O	E	Y	P	A	L	L	L	Ó	R	C	Y	H	L	J	A	Í
J	R	F	S	U	H	Q	E	F	I	N	A	L	P	G	H	T

Final	Cabo	Etapa	Fase
Paso	Serie	Secuencia	Grado
Nivel	Proceso	Plaguicida	Planta
Calor	Agua	Hielo	Vapor
Fuego	Gas	Aire	Atmósfera

Puzzle 30

I N T E R N C I O N A L P D Ú O V
Ó Ü E S S Á B A D O W E W I D Ü T
R Á B E O E L P M E B U S E R I Q
K N W I I Ñ P Ú X V Q A S M G P F
Ü F D P B G F R L C V I S A O O E
Ü F H R L Á C S R L E J P C P R A
A R S Ú O F T K E R Y W S R M P Í
Í I S O D C G S T Í K G E O A D U
D B Ú C I U L O W Í Z I P E C E Q
N T A R R Ú X U T Ú Ó Í I C Ñ Ú E
A V G A Á É Ñ Y O W Y D A O A B S
S Q F M C P O E U Q S O B N W D A
L H R Í A A T R Á N S I T O K O R
G L W B S N Ñ T K I Á Ñ G M Y M D
Y N A T U R A L E Z A Y M Í Á I I
D Í O J U I T B V U O Z N A O N N
V G Z A Y U J W A R V A O Q F G A
F D P V L S R Y R E M J D B K O S
N I F Ú J U N G L A U B L M Y Z H
W P X H O C I F Á R T K S T X M I

Interncional	Macroeconomía	Maní	Marco
Naturaleza	Campo	Bosque	Selva
Jungla	Desierto	Sábado	Domingo
Sacárido	Sandía	Sardinas	Sepia
Sequía	Subempleo	Tránsito	Tráfico

Puzzle 31

U	P	F	Á	W	G	F	Ü	F	B	K	B	K	W	N	I	L
A	A	G	J	A	J	A	T	N	E	V	Q	F	S	G	B	A
A	A	G	O	Z	I	U	Z	A	O	D	R	E	U	C	A	N
J	Z	N	J	D	T	G	K	L	J	D	M	E	H	A	M	O
U	U	E	Á	K	Q	E	G	T	M	J	Ñ	P	Ú	L	V	I
V	Y	J	V	Y	N	Y	W	A	U	G	A	K	S	O	D	C
Ñ	M	Y	L	K	Q	Í	A	U	Ú	T	F	F	U	R	W	A
N	P	R	O	Y	E	C	T	O	R	U	T	U	F	R	K	N
V	M	Z	W	Y	C	Ú	R	O	T	O	L	I	T	Ú	C	S
B	Q	W	Q	I	O	M	L	U	C	B	U	G	Ó	S	X	N
Í	Y	K	Ó	N	P	A	B	A	H	R	N	W	Z	V	B	A
R	C	N	T	Y	V	X	S	Ú	N	A	I	A	Q	S	P	R
Y	G	Ñ	S	Q	C	I	A	Ó	M	P	D	Q	Ó	M	R	T
N	M	T	I	V	Ó	U	I	U	X	H	A	C	T	O	O	H
T	C	Q	T	N	A	C	T	I	V	I	D	A	D	Y	G	Ü
Ü	C	S	S	Z	A	P	O	T	E	V	O	F	I	K	R	L
D	T	V	B	I	A	O	U	H	Ú	X	Y	S	Q	Q	A	É
J	I	Z	R	O	R	T	R	Y	J	Q	T	B	G	W	M	D
E	Ñ	A	H	E	W	Í	W	J	V	E	T	Q	Q	Y	A	W
C	V	X	J	O	Z	Y	E	O	X	L	P	V	S	R	W	B

Transnacional	Unidad	Valor	Variación
Ventaja	Útil	Yegua	Zapote
Calor	Agua	Futuro	Ocasión
Vez	Acción	Actividad	Acto
Programa	Proyecto	Obra	Acuerdo

Puzzle 32

R	M	A	B	O	T	N	E	M	U	A	E	M	A	V	M	E
C	N	É	T	Ñ	R	T	D	R	X	Í	C	L	S	L	M	K
O	Ñ	U	I	E	I	I	X	T	D	H	T	W	Ñ	I	É	A
F	R	B	T	C	M	M	G	X	K	U	V	Ú	N	N	R	C
V	R	O	Í	R	D	Í	U	E	R	T	M	U	Ó	Y	G	D
I	R	E	F	D	C	A	S	A	N	J	V	I	N	B	N	Ü
Í	E	M	N	R	Ñ	Y	C	A	M	E	L	B	O	R	P	F
Y	L	M	R	T	O	V	U	D	L	G	D	B	T	M	B	U
B	A	Z	C	R	E	D	U	C	C	I	Ó	N	T	C	J	N
E	C	Z	A	Z	U	S	Í	Í	L	Ñ	Q	Ü	G	O	C	C
G	I	O	T	N	E	I	M	I	C	E	R	C	T	S	E	I
J	Ó	Í	N	Z	C	T	M	A	Y	O	R	Í	A	A	R	Ó
Ú	N	I	H	X	Ñ	U	I	Í	F	B	V	Ñ	Ú	R	D	N
S	A	N	E	É	B	A	N	G	X	J	L	C	E	J	A	L
X	N	T	E	W	X	C	O	O	W	E	E	A	W	O	B	Y
E	C	E	E	P	R	I	R	C	X	T	L	T	X	T	Ú	U
U	H	N	Ú	R	V	Ó	Í	D	F	I	F	L	L	D	H	I
S	O	T	M	F	Q	N	A	W	D	V	Y	R	S	K	B	É
E	R	O	H	S	F	O	P	A	C	O	D	N	O	F	T	Q
I	K	O	X	Ü	A	N	D	O	N	I	T	S	E	D	Á	Ñ

Origen	Destino	Objetivo	Meta
Función	Relación	Realidad	Situación
Problema	Intento	Altura	Ancho
Mayoría	Minoría	Aumento	Reducción
Crecimiento	Fondo	Frente	Cosa

Puzzle 33

G	S	J	T	O	C	Z	L	O	I	C	O	G	E	N	F	R
Ú	S	Ü	A	E	C	É	O	G	H	M	Ú	T	A	Q	M	N
Q	Q	W	R	K	P	L	I	Ü	N	Ó	I	C	I	S	O	P
I	C	D	C	T	A	O	I	N	Í	Ó	A	Q	J	T	L	D
Ú	O	P	Ó	I	R	K	K	E	É	V	L	Á	Z	J	Z	Q
N	N	É	L	Á	E	A	Z	L	N	S	D	L	O	E	C	K
P	V	H	J	C	M	N	N	K	Ó	T	Y	T	I	V	R	Í
U	E	Ó	W	A	L	E	T	S	N	Z	E	D	J	M	Í	L
C	N	R	A	B	K	I	M	O	P	F	G	Q	Q	C	Ü	X
L	C	T	R	A	U	C	M	J	X	O	R	T	Í	C	S	F
U	I	É	U	L	K	M	I	C	Q	R	R	Y	Z	U	Ú	V
G	O	U	T	L	P	Y	B	W	A	E	Y	T	N	S	Í	M
A	N	O	L	O	P	B	D	F	T	I	I	Ü	E	U	Q	P
R	E	Z	U	D	J	E	A	E	B	Q	L	N	U	E	V	E
Ü	S	I	C	I	V	T	I	G	W	V	E	C	B	A	A	R
O	J	Y	A	C	Y	S	A	D	A	Q	V	V	Ú	Ó	G	R
C	Z	A	U	E	T	T	P	P	F	D	Z	Ó	F	E	S	O
H	F	Ó	C	U	O	Y	C	N	I	U	Ó	O	K	G	K	V
O	G	R	A	Y	S	K	E	O	Q	E	R	W	Y	Z	P	Ü
I	E	X	S	A	I	E	Ñ	K	J	E	C	G	Ó	P	Z	G

Siete	Ocho	Nueve	Diez
Cien	Ciento	Mil	Millón
Lugar	Posición	Acuacultura	Convenciones
Transporte	Cliente	Negocio	Perro
Gato	Vaca	Cerdo	Caballo

Puzzle 34

I	P	I	Q	W	Q	D	T	O	L	U	C	Í	T	R	A	U
X	V	U	A	C	I	S	Ú	M	J	Ó	Q	Z	W	H	V	Z
W	R	V	N	G	E	J	K	N	L	V	G	D	W	T	O	U
F	W	O	H	Á	Q	Á	W	K	L	S	N	O	D	B	T	X
A	Q	T	Y	A	É	U	H	Ñ	D	B	O	Ñ	V	A	U	X
N	F	Á	D	N	Ó	I	G	I	L	E	R	I	O	R	T	Z
E	C	H	D	C	Q	U	Ñ	W	Q	N	T	Í	D	R	I	I
D	A	D	I	S	R	E	V	I	N	U	Z	N	R	O	T	M
Ü	Z	P	X	M	Ü	D	D	T	P	V	Q	C	K	K	S	W
U	L	A	M	Z	C	U	E	S	A	L	C	Ü	Y	Á	N	Á
C	P	E	N	R	T	C	A	I	D	U	O	R	Y	U	I	A
G	L	P	I	G	K	A	F	Á	V	A	S	M	Ü	N	T	L
D	A	G	L	X	U	C	V	I	W	A	W	L	O	E	O	D
D	T	D	Z	A	Q	I	F	O	D	K	E	B	V	C	D	R
J	A	I	L	D	S	Ó	L	Ñ	R	G	A	O	P	J	O	Q
W	C	C	W	C	C	N	K	A	R	O	H	U	Y	S	L	S
C	O	L	E	G	I	O	K	S	M	C	X	U	Ú	S	X	A
E	P	H	O	D	O	P	Í	F	N	A	Z	Z	S	F	N	P
M	Z	N	A	Í	L	I	Ñ	A	S	D	T	H	B	U	U	V
A	L	E	U	C	S	E	U	M	R	H	B	D	Y	H	W	U

Oro	Plata	Plomo	Sal
Barro	Lodo	Anchoveta	Anguila
Anfípodo	Añil	Música	Religión
Dios	Artículo	Educación	Escuela
Instituto	Colegio	Universidad	Clase

Puzzle 35

F	K	E	M	Z	C	C	G	C	V	P	L	Ñ	O	V	C	U
É	I	R	G	O	S	F	Z	J	T	M	S	I	Y	Z	G	F
O	I	A	D	T	A	O	Y	V	N	V	R	I	R	C	A	W
L	X	T	X	C	P	R	I	S	Q	A	D	Y	Y	M	N	T
E	I	N	R	U	O	M	Ú	R	U	A	T	C	B	Q	R	N
M	P	A	F	D	R	N	W	C	A	A	R	U	T	L	U	C
O	V	L	M	O	O	W	E	E	Í	M	L	O	X	R	L	C
P	W	P	E	R	T	P	M	D	V	A	I	S	T	I	A	J
O	V	Z	C	P	O	N	P	K	N	W	X	R	V	U	Y	N
L	A	S	Z	R	S	G	S	C	O	X	W	Ó	P	Ó	A	I
Í	U	Á	G	U	F	V	I	O	C	T	M	Ñ	D	Í	K	C
T	T	A	M	G	T	A	R	L	C	O	N	L	Í	Q	I	A
I	O	A	D	Q	U	I	S	I	T	I	V	O	Y	Ü	C	C
C	B	C	N	F	L	Ó	O	U	P	W	A	C	Á	S	Z	T
A	Ú	O	É	L	Y	O	A	Ú	Y	K	I	L	U	D	F	U
B	S	C	B	O	T	U	A	A	D	U	S	B	L	Z	B	A
Q	Ñ	H	N	Ó	I	C	A	M	A	R	G	O	R	P	Í	C
Ñ	V	E	R	E	W	A	I	U	I	V	D	Y	Á	K	G	I
R	Ñ	M	I	P	Q	V	C	Ó	É	O	S	A	L	U	H	Ó
Ó	M	N	I	B	U	S	J	V	O	Í	L	E	P	J	U	N

Plantar	Adquisitivo	Política	Pomelo
Porotos	Producto	Primarios	Agropecuario
Programación	Social	Automóvil	Coche
Auto	Bus	Autobús	Ómnibus
Ambulancia	Cultura	Autor	Actuación

Puzzle 36

Y	P	C	J	A	L	I	M	E	N	T	O	S	P	Ú	A	A
Ó	U	A	T	S	I	R	O	Y	A	M	A	K	N	Y	N	D
Y	Q	M	Q	W	S	H	Ó	L	P	F	D	S	M	K	D	R
B	I	Q	C	J	B	Q	B	É	K	Q	I	J	I	Y	E	V
Ü	F	Ú	P	B	C	E	Q	W	Í	N	D	L	M	M	P	L
S	Y	M	G	R	R	D	S	E	N	I	T	E	C	L	A	C
Z	K	W	G	G	F	Á	O	R	A	Q	V	X	N	E	C	C
O	Ü	D	U	A	C	T	Á	É	S	M	W	O	O	O	N	K
S	I	E	R	K	S	C	U	E	O	Í	L	G	L	Ó	O	Q
A	A	Y	V	U	W	M	N	D	G	L	I	O	Z	R	K	T
T	Á	G	B	V	I	O	A	O	I	R	Q	L	Ü	Ú	L	I
E	Ú	R	A	L	D	L	P	C	B	U	A	Ñ	H	B	S	X
U	A	V	P	R	I	E	N	A	I	C	T	G	Z	D	H	K
Q	T	B	O	D	B	O	N	A	L	R	Á	K	H	I	Y	S
A	E	C	A	I	Z	W	L	V	G	Y	V	Z	A	U	K	L
H	S	D	J	L	L	M	É	R	G	Á	K	H	Q	S	B	Á
C	I	M	A	D	E	S	A	R	R	O	L	L	O	Y	V	R
J	M	C	Ñ	N	Y	R	G	E	A	D	T	Á	N	F	K	B
M	A	X	T	F	R	R	A	C	I	N	C	L	U	I	D	O
Ñ	C	E	E	Ó	Ó	H	Z	A	P	A	T	I	L	L	A	L

Camisa	Camiseta	Zapatilla	Cordones
Abrigo	Chaqueta	Calcetines	Bragas
Calzón	Calzoncillo	Árbol	Arbusto
Área	Desarrollo	Mayorista	Modalidad
Alimentos	Coloquialmente	Albergue	Incluido

Puzzle 37

U	S	C	V	Q	A	E	D	I	V	T	G	O	D	U	B	P
C	W	X	Í	Z	B	B	E	G	T	F	V	É	B	S	A	V
N	O	Z	G	Ñ	K	R	R	A	Ü	Í	É	Z	E	L	O	R
C	S	M	R	F	O	R	M	A	T	J	B	Ú	F	W	T	E
O	N	Ó	I	C	A	M	R	O	F	N	I	R	V	Z	A	X
N	Z	O	H	D	Ú	C	T	P	S	G	A	H	I	I	D	Z
S	L	T	O	S	A	C	J	I	Z	P	L	L	N	R	I	Z
E	C	N	G	Ó	I	L	S	É	Ñ	Y	U	V	P	O	E	D
R	O	E	A	T	J	I	Q	L	A	T	E	G	E	V	S	H
V	T	M	S	T	L	S	E	K	E	S	Q	N	A	C	T	W
A	N	I	U	Á	Q	K	Ú	O	T	S	A	P	O	Q	U	N
C	E	L	N	A	Z	A	D	I	A	Z	M	N	D	B	D	Ó
I	I	A	S	Ü	L	B	G	E	Ñ	O	G	V	B	T	I	I
Ó	M	A	F	M	O	A	B	L	P	E	W	E	D	O	O	C
N	I	I	R	R	C	S	L	A	L	S	B	C	X	W	H	A
V	C	W	F	I	M	J	R	A	Z	I	É	Y	U	Z	P	M
E	O	Ú	Ó	F	Á	C	D	U	D	K	V	C	S	P	E	R
Q	N	N	D	U	F	O	X	A	C	X	K	P	P	M	P	O
G	O	W	L	C	O	N	S	U	M	I	D	O	R	É	T	F
U	C	J	W	Q	Q	C	E	W	P	J	A	Ü	M	N	L	T

Curso	Estudio	Formación	Análisis
Investigación	Conocimiento	Idea	Información
Dato	Forma	Congelado	Conservación
Consumidor	Alimento	Comida	Bebida
Vegetal	Planta	Pasto	Césped

Puzzle 38

F	R	A	P	H	A	F	R	Z	M	E	E	Á	O	Z	A	C
G	K	E	D	S	F	T	H	D	S	H	E	N	U	P	Y	X
X	Y	C	Y	É	V	A	S	T	Ñ	S	O	O	P	M	A	C
B	R	T	S	A	R	O	Í	O	F	H	E	Y	Á	D	L	Á
R	N	M	É	R	J	M	B	F	C	J	A	P	Y	J	P	A
E	Z	A	K	D	U	Ñ	Ü	D	X	Ú	Á	R	Q	Z	F	Ñ
C	N	S	B	L	Á	Í	D	É	A	P	M	Q	K	C	T	O
E	I	I	O	S	I	P	D	C	R	D	F	E	Y	K	F	G
S	H	S	M	F	I	H	K	A	Ó	E	I	R	S	Ü	Ú	K
I	B	J	P	F	B	G	N	D	T	S	O	A	Y	L	É	G
Ó	T	O	N	O	D	Ú	L	A	Ü	I	Z	Ó	O	V	J	L
N	F	L	S	P	V	I	H	O	M	E	X	B	J	P	X	B
X	E	R	U	Q	R	Á	P	I	L	R	S	Z	O	K	Ó	N
W	S	J	I	Y	U	Y	L	A	Ñ	T	A	Í	R	V	S	Ú
S	P	E	I	Ú	R	E	R	Z	X	O	Ñ	C	T	Z	N	Z
I	E	N	A	Q	N	U	X	Ñ	A	Z	E	I	S	N	I	X
G	R	K	V	I	T	T	J	U	N	G	L	A	A	K	C	M
Á	A	H	O	A	Z	I	U	T	D	G	Q	É	R	S	Í	A
Y	Z	T	N	Q	E	O	Y	B	H	O	S	E	L	V	A	L
R	A	C	I	M	O	S	V	Ó	J	K	H	Á	L	W	G	M

Esperaza	Estímulos	Naturaleza	Campo
Bosque	Selva	Jungla	Desierto
Costa	Playa	Racimos	Rastrojo
Recesión	Mes	Año	Década
Siglo	Milenio	Ayer	Hoy

Puzzle 39

Z	G	C	M	Y	D	E	C	I	S	I	Ó	N	C	M	R	I
S	J	O	D	B	C	T	Í	V	S	U	T	U	J	O	O	W
K	C	N	J	I	R	É	Á	É	T	U	E	W	V	Y	L	F
Ü	O	F	B	J	V	C	R	B	Ú	S	G	A	O	T	J	O
T	B	I	W	I	É	E	Ú	Ú	T	O	F	P	S	Y	P	Q
G	O	A	U	P	T	X	T	I	É	K	A	Ñ	O	Ü	A	C
E	S	N	B	N	S	F	Ó	H	É	P	Q	I	L	T	B	E
N	O	Z	I	U	S	N	Q	U	B	A	R	N	I	Á	H	N
A	R	A	W	C	R	P	H	Ó	A	J	M	A	C	I	Q	Ó
P	P	I	M	L	O	R	L	Q	V	U	X	O	I	B	S	I
Y	R	M	X	Ó	T	M	I	E	D	O	A	L	T	S	X	C
H	E	E	M	S	S	O	H	M	S	M	G	U	U	E	O	C
Í	S	H	G	T	U	Ü	I	B	I	E	P	Ú	D	G	P	E
E	A	Ú	A	U	S	Ú	E	C	Ú	E	U	T	A	U	Ó	L
Z	E	I	D	I	N	Y	R	J	N	S	N	G	R	R	X	E
Y	Y	T	U	G	F	T	Y	O	E	A	Q	T	B	I	F	Á
Ü	A	Í	D	K	Y	G	A	W	M	M	S	U	O	D	X	Y
L	F	C	X	Z	F	A	X	P	C	E	P	N	E	A	Á	Ñ
Á	D	U	É	N	Á	U	G	R	U	F	T	L	A	D	Ñ	U
A	T	S	E	U	P	S	E	R	X	U	V	D	O	C	A	X

Favor	Apoyo	Búsqueda	Duda
Pregunta	Respuesta	Cuestión	Solicitud
Decisión	Elección	Interés	Aburrimiento
Cansancio	Sorpresa	Susto	Seguridad
Confianza	Miedo	Temor	Ejemplo

Puzzle 40

R	J	Y	D	P	W	O	S	T	N	Ü	B	L	Ü	J	M	Z
J	V	O	N	A	É	C	O	L	A	H	A	A	Y	K	I	N
J	É	T	O	H	Í	I	U	R	S	T	J	V	E	A	G	T
Y	W	Q	U	F	J	M	H	Ú	S	E	I	O	T	G	K	E
A	K	B	O	F	Í	Ó	E	E	D	S	U	Z	N	R	P	I
I	Ó	Y	K	K	N	N	R	K	Á	C	E	I	O	O	V	L
J	B	S	T	H	I	O	U	S	F	O	S	R	M	P	W	W
U	R	S	Z	L	F	C	J	L	W	L	P	E	T	E	E	W
Z	J	T	Í	O	L	E	R	H	B	L	E	H	L	C	Z	S
P	A	F	R	Ñ	B	O	Ú	P	O	E	C	K	A	U	U	N
Y	S	G	E	F	D	R	G	A	M	R	I	A	G	A	L	H
D	A	X	S	G	Z	G	F	G	S	A	A	Ñ	O	R	A	Ú
Q	X	W	L	Í	A	A	A	R	I	Á	L	A	Í	I	G	X
Ñ	V	C	O	Z	C	Q	Í	O	R	Q	I	T	I	O	U	O
R	B	E	R	F	A	Ñ	G	N	U	E	Z	N	Ó	G	N	D
K	P	R	A	G	N	F	R	O	T	G	A	O	N	R	A	M
R	O	R	Z	W	I	A	E	M	O	S	C	M	W	X	O	Ú
U	E	O	N	Q	P	G	N	Í	R	O	I	P	W	J	S	R
E	F	P	G	B	S	Z	E	A	G	V	Ó	R	Ú	U	S	Í
D	K	Q	L	L	E	Ó	S	F	A	V	N	M	R	S	E	O

Río	Laguna	Lago	Mar
Océano	Cerro	Monte	Montaña
Luz	Energía	Erizo	Escollera
Eslora	Especialización	Espinaca	Agroeconómico
Agroforestal	Agronomía	Agropecuario	Agroturismo

SOLUTIONS

21

L R F O U K V A O Ñ P A Y G A Y K
X Ó Ú I X Á V S L É R V U N D R U
O O Y R L M E L A Z A P P Á H E G
L V R A O I G M B X G E O S M M F
H I D U M P L Y Ó H L Í I I T U X
G T M C U E N X R Á I A N T O N V
B N Á E S K Ó Q G B L C O Í S E A
N E O P N V I I A B Ñ C M D E R S
R C T K I B C É A Q Y O I D R A Q
F N N O B O A O N É M M R U G C T
V I E T V R Z N S M A P T I N I K
L N I N S D I Í F Z T A A R I Ó V
U O M E X Ñ N S T Q R N P Ñ Ñ N G
R T I M H P A P V L I Y R A A Á C
H R D E L U G E W O Z I H R E B Ó
Y E N R Q L R R A N Q N K A A S G
S U E C Í P O O P U Ñ G D N I R B
Q P R N Ñ O F B E C C R D J S N C
R R B I Ñ Y L Z Ó Z Ú T E A H R Q
O L I X Í V A U N O G K V A D Z I

22

V F N T O D F É Q U I D O Z Z A C
É C Ó K O A E H I J U M H B W Ó Ü
O Y I I Z R D S U H L U D N A G D
T W C Y Y U I S A X A Z E L A M D
E Q A R E T E J N R Í L J D E I E
X H T E M L Ü J Ó P R E X E W M S
É J O F A U M X I S R O Ú X I Ñ E
A Ú L R M C Í E C P A R L S M J M
Ñ A F I Ñ I H V A E C O L L P F B
A I V G C R Ü V Z Ú I Z Á X O F A
C C L E A O E Ú I E F P H R R M R
J N D R L L Z Y R X I A V G T A Q
R A V A A F F X U H R S Á I A N U
G N E C B Á K U E S C T J X C D E
J A Q I A É A L T R A I T R I A J
D G U Ó C A E N S T S Z R O Ó R J
J Ú I N I C Q T A U É A Í E N I Q
Y F D Ú T P U D P Á G L M Á G N É
C S A C A R O S A W E Ú X C B A F
Q S D P A O Ñ N E S I Í E G H H R

23

Ü A Z N A I L A Á B X E D Q K U X
F A L L O C A T I O N J T P G I D
C O L Í T G Q I M Q X J G E I Y X
N Ó I C A Z I L A N O I G E R M A
T S E G U R I D A D A Z A F A T A
L E U M A L B A R I C O Q U E D H
H I M W L I N T E R C A M B I O Ó
Z Y B P A C C O M M O D A T I O N
E W B W O J L Í O I R A E N L A B
M J R S N R B E P Ü K M P J D C Ú
U B O V Ñ P A J T R I E O T H I G
É R D F R H Ó L R O E G S B S G A
L W A X R X Ü L F N T C Ü B V É Á
Y E C Í A K B Y S Ó P R I M V T T
P A I C N E N E T I B O A O M A X
L A D N E T Q T Á C Y U O P S R H
Y R N X P T N I D A A G O V A T E
O T I N O B O T Ú L Z J Ñ J O S W
J Ñ L P R S O T S E U P M I O E V
R A J O N J O L Í R K T R M U X A

24

H Z F Ñ Q M O Z R O H K E Q S S O
D W I U N O I C A I C O S A A D S
P V U F E É W Q W B O T N E M U A
Á I N U E R M L Ü M G É A C E W T
N E B E Y Ü Z K S A É C M O T O I
U F A N O N A A Ü C P J Ñ Ñ S Á Q
Q O O T N E I M A I C N A N I F T
M L E E E T A W P A Ú J X E S D M
F E H S M N E N M C W D C Ó Z I G
O U A B Ú T J P T N J C B F Ó R D
U Z N N O L E A Q I Z X P Z C Ó W
A N O M I S Y N M D C C U F G N G
G A A Í I M E O E B N I F J Z H M
R C C N W M A C K Í R G P P P R L
Í F O Ü O E X D E F A E P O A A W
C Q N X B A I G O L O P O R T N A
O K W D X O Ü U Ü R C W É I Ú Á H
L Y Í S M T A O G G A M O A N H E
A Í I M P L I C I T O J A J Á V N
E M O I R A S E R P M E O C D D D

25

C	K	L	J	O	N	A	T	Á	L	P	Á	M	Y	Ü	U	Ú
A	H	Ñ	B	E	D	U	L	C	O	R	A	N	T	E	L	S
J	W	U	W	H	P	X	V	A	T	E	D	Í	K	É	Z	E
N	S	Z	Q	O	E	T	A	C	N	Á	A	É	L	Q	B	M
G	R	E	A	T	N	C	S	S	U	Á	S	W	P	W	T	B
A	P	G	K	Í	M	Y	S	Ú	O	F	L	E	Ú	A	P	R
T	X	V	A	N	A	L	F	A	B	E	T	I	S	M	O	A
S	D	A	D	I	V	I	T	A	E	R	C	X	S	U	K	D
E	O	T	R	E	I	B	A	N	A	N	Á	M	K	I	Y	Í
U	Ü	P	N	Ó	I	C	A	L	B	O	P	Q	M	P	S	O
P	Á	N	J	V	A	A	A	Í	C	N	A	C	R	E	M	E
M	U	S	N	M	M	P	O	E	L	P	M	E	S	E	D	C
O	A	Ú	I	O	E	N	I	U	G	M	E	R	C	A	D	O
C	Y	M	N	Q	T	I	G	E	N	Q	G	V	V	X	F	N
P	R	O	F	E	S	I	O	N	A	L	E	S	A	A	A	O
W	M	Z	P	F	I	F	Ú	D	N	A	U	G	L	S	E	M
I	Ú	S	F	L	S	B	A	V	L	E	S	K	I	J	V	Í
X	J	X	I	R	O	H	H	R	O	T	E	N	Y	R	E	A
Á	J	X	F	I	C	Y	I	D	U	M	Ó	J	I	Ú	H	D
X	E	R	T	Z	E	Ú	R	H	V	Q	Ü	G	G	Z	G	B

26

Á	P	A	G	Q	U	S	N	I	J	O	A	Ñ	L	A	O	T
S	H	I	G	E	P	Ó	Y	A	Í	Ú	W	T	N	J	J	Z
T	N	G	F	C	Z	L	J	Z	J	Ñ	L	V	J	N	A	N
B	F	E	U	A	Ñ	E	N	I	H	P	B	N	B	O	B	Z
R	E	T	C	Ñ	V	B	G	E	M	Á	A	T	C	R	A	O
Ú	Z	A	Ü	R	G	Á	V	T	B	Á	N	C	Y	O	R	R
H	Ó	R	A	A	Ú	Z	R	N	S	M	C	P	A	T	T	R
G	E	T	B	L	T	X	M	E	O	J	A	B	A	R	T	A
J	N	S	A	Ó	E	N	Ó	I	C	A	U	L	A	V	E	D
U	Ó	E	S	D	F	T	K	C	P	P	N	Ú	J	A	S	C
H	I	Í	E	M	A	R	I	I	Z	H	Ó	L	I	K	S	Q
Y	S	V	L	B	S	M	Y	F	S	B	I	Q	E	K	E	B
O	I	Q	W	R	A	X	R	E	L	Q	R	N	X	M	L	V
Z	V	Ó	N	Á	L	A	L	O	S	C	U	C	A	L	A	D
F	I	U	S	F	A	Q	D	C	S	L	T	C	U	Z	C	T
S	D	C	V	R	R	Í	H	U	E	Ó	S	B	A	M	S	É
Á	G	Í	Y	C	I	W	M	K	E	E	E	X	D	H	I	Ú
Q	O	U	C	V	A	I	K	Q	P	D	U	F	Ó	O	F	U
G	B	Y	K	L	D	Y	R	O	T	C	A	R	T	V	Ñ	Ü
F	D	V	M	D	O	S	Í	C	A	P	I	T	A	L	R	G

27

A	R	E	V	E	H	Í	C	U	L	O	Y	F	O	N	L	Q
Y	N	F	D	T	D	L	N	P	I	C	G	Q	F	S	M	L
G	A	B	G	J	G	Ó	O	N	N	P	A	R	A	D	A	É
E	W	S	E	G	H	A	I	T	Ó	Y	A	M	E	A	I	Y
X	S	U	B	Q	Ú	W	D	W	R	I	G	X	I	T	E	R
U	V	F	M	L	D	G	X	T	A	E	C	N	J	N	G	T
I	A	R	E	T	E	R	R	A	C	H	U	A	R	T	O	S
N	V	Q	T	Z	Y	A	F	A	Z	Z	P	P	T	Á	U	D
A	E	R	R	F	F	F	S	U	O	Y	K	Z	O	S	Z	K
C	N	R	O	V	E	C	Ü	T	X	B	P	Z	W	R	E	Ñ
M	I	Ü	T	Í	F	R	F	O	L	A	C	O	C	H	E	Ñ
A	D	Q	O	E	N	Á	R	R	E	T	B	U	S	N	C	A
U	A	E	Z	S	G	O	É	O	S	G	V	Z	H	I	C	E
T	F	Ó	Y	O	L	B	Í	Ó	C	D	G	P	W	W	W	E
O	K	Q	S	Z	L	C	N	F	E	A	J	I	X	F	U	W
M	S	Á	J	N	R	J	X	Á	F	Q	R	H	T	U	O	E
Ó	X	Q	P	F	U	P	E	D	I	S	M	R	I	G	L	L
V	U	I	Y	C	T	R	D	Ü	F	Ñ	Ñ	R	I	L	É	W
I	H	V	Í	A	A	U	T	O	P	I	S	T	A	L	Z	J
L	K	I	X	I	X	A	V	I	Ó	N	P	C	W	R	S	T

28

W	Ó	C	É	S	P	E	R	S	O	N	A	L	I	D	A	D
K	Q	K	A	W	I	F	A	L	T	A	Á	S	K	Ú	V	X
E	L	D	U	S	T	G	V	N	Ó	I	C	I	D	N	O	C
J	S	T	É	J	O	W	N	B	W	R	F	F	O	T	L	C
N	F	R	Ó	Ñ	O	K	Ú	I	F	F	G	H	N	K	O	A
G	Ó	E	N	H	E	I	J	M	F	C	I	E	K	N	A	R
R	Á	I	M	I	S	Y	G	Í	O	I	I	K	C	S	Z	Á
U	I	L	C	C	E	É	C	N	H	M	C	E	K	W	E	C
P	Ñ	V	Ó	A	D	X	J	T	A	N	P	A	R	E	T	T
O	M	I	L	O	E	U	U	S	Ó	T	T	G	D	Y	S	E
M	X	U	D	S	N	R	N	I	O	T	Ú	X	G	O	I	R
R	G	H	V	T	G	E	C	X	Z	Ñ	Z	J	N	Í	R	K
R	W	C	O	B	P	C	A	P	A	C	I	D	A	D	T	X
P	T	J	A	M	U	A	Í	Á	V	T	U	K	R	W	A	Ú
S	P	Ü	O	R	M	I	G	T	Y	B	Z	É	V	R	Í	M
Q	É	A	T	E	B	G	D	Ú	N	Á	I	J	B	H	R	L
R	P	S	T	X	T	Ú	S	Y	G	É	O	C	Q	X	G	K
T	E	J	O	D	R	E	U	C	E	R	W	K	J	O	E	E
D	Á	É	V	N	Ó	I	C	N	E	T	A	W	V	L	L	Ó
J	F	H	R	Ó	F	A	I	R	O	M	E	M	Ó	K	A	L

29

U F S Ñ D A G U A P T F A T Z W D
Ó Á U D P W X Z X M L M S H M C R
M R Ñ Q Ú D D A R O L A C X O P O
Á K N S S Y É I L O V P C U H L I
C L O G E U F C R Y P L E V I N X
E A K T F O Q N E A P A T E P É I
G K B S O M Ó E J N Ü G V X Y J B
G T Y O D M U U O I N U Z Q B M Q
M S Ñ S A J G C S H Q I M Q F V I
Á S É E R O P E A J Z C F C Q J X
D H Ó C G C R S P A O I F A L W I
N X C O Í I W W I O F D C H M B D
K W H R E X Z R M P L A N T A M W
E R L P T S E K Í F Y P S C Q W N
Q J S F R B M M Z F K S H E Q Á N
B N C C X J H I E L O H O U F T E
S D K U J K Y E A T M Ó S F E R A
D D O W J G V Q P Í Í K O Q W Í O
O E Y P A L L L Ó R C Y H L J A Í
J R F S U H Q E F I N A L P G H T

30

I N T E R N C I O N A L P D Ú O V
Ó Ü E S S Á B A D O W E W I D Ü T
R Á B E O E L P M E B U S E R I Q
K N W I I Ñ P Ú X V Q A S M G P F
Ü F D P B G F R L C V I S A O O E
Ü F H R L Á C S R L E J P C P R A
Á R S Ú O F T K E R Y W S R M P Í
Í I S O D C G S T Í K G E O A D U
D B Ú C I U L O W Í Z I P E C E Q
N T A R R Ú X U T Ú Ó Í I C Ñ Ú E
A V G A Á É Ñ Y O W Y D A O A B S
S Q F M C P O E U Q S O B N W D A
L H R Í A A T R Á N S I T O K O R
G L W B S N Ñ T K I Á Ñ G M Y M D
Y N A T U R A L E Z A Y M Í Á I I
D Í O J U I T B V U O Z N A O N N
V G Z A Y U J W A R V A O Q F G A
F D P V L S R Y R E M J D B K O S
N I F Ú J U N G L A U B L M Y Z H
W P X H O C I F Á R T K S T X M I

31

U P F Á W G F Ü F B K B K W N I L
A A G J A J A T N E V Q F S G B A
A A G O Z I U Z A O D R E U C A N
J Z N J D T G K L J D M E H A M O
U U E Á K Q E G T M J Ñ P Ú L V I
V Y J V Y N Y W A U G A K S O D C
Ñ M Y L K Q Í A U Ú T F F U R W A
N P R O Y E C T O R U T U F R K N
V M Z W Y C Ú R O T O L I T U C S
B Q W Q I O M L U C B U G Ó S X N
Í Y K Ó N P A B A H R N W Z V B A
R C N T Y V X S Ú N A I A Q S P R
Y G Ñ S Q C I A Ó M P D Q Ó M R T
N M T I V Ó U I U X H A C T O O H
T C Q T N A C T I V I D A D Y G Ü
Ü C S S Z A P O T E V O F I K R L
D T V B I A O U H Ú X Y S Q Q A É
J I Z R O R T R Y J Q T B G W M D
E Ñ A H E W Í W J V E T Q Q Y A W
C V X J O Z Y E O X L P V S R W B

32

R M A B O T N E M U A E M A V M E
C N É T Ñ R T D R X Í C L S L M K
O Ñ U I E I I X T D H T W Ñ I É A
F R B T C M M G X K U V Ú N N R C
V R O Í R D Í U E R T M U Ó Y G D
I R E F D C A S A N J V I N B N Ü
Í E M N R Ñ Y C A M E L B O R P F
Y L M R T O V U D L G D B T M B U
B A Z C R E D U C C I Ó N T C J N
E C Z A Z U S Í Í L Ñ Q Ü G O C C
G I O T N E I M I C E R C T S E I
J Ó Í N Z C T M A Y O R Í A A R Ó
Ú N I H X Ñ U I Í F B V Ñ Ú R D N
S A N E É B A N G X J L C E J A L
X N T E W X C O O W E E A W O B Y
E C E E P R I R C X T L T X T Ú U
U H N Ú R V Ó Í D F I F L L D H I
S O T M F Q N A W D V Y R S K B É
E R O H S F O P A C O D N O F T Q
I K O X Ü A N D O N I T S E D Á Ñ

33

G S J T O C Z L O I C O G E N F R
Ú S Ü A E C É O G H M Ú T A Q M N
Q Q W R K P L I Ü N Ó I C I S O P
I C D C T A O I N Í Ó A Q J T L D
Ú O P Ó I R K K E Ė V L Á Z J Z Q
N N É L Á E A Z L N S D L O E C K
P V H J C M N N K Ó T Y T I V R Í
U E Ó W A L E T S N Z E D J M Í L
C N R A B K I M O P F G Q Q C Ü X
L C T R A U C M J X O R T Í C S F
U I É U L K M I C Q R R Y Z U Ú V
G O U T L P Y B W A E Y T N S Í M
A N O L O P B D F T I I Ü E U Q P
R E Z U D J E A E B Q L N U E V E
Ü S I C I V T I G W V E C B A A R
O J Y A C Y S A D A Q V V Ú Ó G R
C Z A U E T T P P F D Z Ó F E S O
H F Ó C U O Y C N I U Ó O K G K V
O G R A Y S K E O Q E R W Y Z P Ü
I E X S A I E Ñ K J E C G Ó P Z G

34

I P I Q W Q D T O L U C I T R A U
X V U A C I S Ú M J Ó Q Z W H V Z
W R V N G E J K N L V G D W T O U
F W O H Á Q Á W K L S N O D B T X
A Q T Y A É U H Ñ D B O Ñ V A U X
N F Á D N Ó I G I L E R I O R T Z
E C H D C Q U Ñ W Q N T Í D R I I
D A D I S R E V I N U Z N R O T M
Ü Z P X M Ü D D T P V Q C K K S W
U L A M Z C U E S A L C Ü Y Á N Á
C P E N R T C A I D U O R Y U I A
G L P I G K A F Á V A S M Ü N T L
D A G L X U C V I W A W L O E O D
D T D Z A Q I F O D K E B V C D R
J A I L D S Ó L Ñ R G A O P J O Q
W C C W C C N K A R O H U Y S L S
C O L E G I O K S M C X U Ú S X A
E P H O D O P I F N A Z Z S F N P
M Z N A Í L I Ñ A S D T H B U U V
A L E U C S E U M R H B D Y H W U

35

F K E M Z C C G C V P L Ñ O V C U
É I R G O S F Z J T M S I Y Z G F
O I A D T A O Y V N V R I R C A W
L X T X C P R I S Q A D Y Y M N T
E I N R U O M Ú R U A T C B Q R N
M P A F D R N W C A A R U T L U C
O V L M O O W E E Í M L O X R L C
P W P E R T P M D V A I S T I A J
O V Z C P O N P K N W X R V U Y N
L A S Z R S G S C O X W Ó P Ó A I
Í U Á G U F V I O C T M Ñ D Í K C
T T A M G T A R L C O N L Í Q I A
I O A D Q U I S I T I V O Y Ü C C
C B C N F L Ó O U P W A C Á S Z T
A Ú O É L Y O A Ú Y K I L U D F U
B S C B O T U A A D U S B L Z B A
Q Ñ H N Ó I C A M A R G O R P Í C
Ñ V E R E W A I U I V D Y Á K G I
R Ñ M I P Q V C Ó É O S A L U H Ó
Ó M N I B U S J V O Í L E P J U N

36

Y P C J A L I M E N T O S P Ú A A
Ó U A T S I R O Y A M A K N Y N D
Y Q M Q W S H Ó L P F D S M K D R
B I Q C J B Q B É K Q I J I Y E V
Ü F Ú P B C E Q W Í N D L M M P L
S Y M G R R D S E N I T E C L A C
Z K W G G F Á O R A Q V X N E C C
O Ü D U A C T Á É S M W O O O N K
S I E R K S C U E O Í L G L Ó O Q
A A Y V U W M N D G L I O Z R K T
T Á G B V I O A O I R Q L Ü Ú L I
E Ú R A L D L P C B U A Ñ H B S X
U A V P R I E N A I C T G Z D H K
Q T B O D B O N A L R Á K H I Y S
A E C A I Z W L V G Y V Z A U K L
H S D J L L M Ė R G Á K H Q S B Á
C I M A D E S A R R O L L O Y V R
J M C Ñ N Y R G E A D T Á N F K B
M A X T F R R A C I N C L U I D O
Ñ C E E Ó Ó H Z A P A T I L L A L

37

U S C V Q A E D I V T G O D U B P
C W X Í Z B B E G T F V É B S A V
N O Z G Ñ K R R A Ü Í É Z E L O R
C S M R F O R M A T J B Ú F W T E
O N Ó I C A M R O F N I R V Z A X
N Z O H D Ú C T P S G A H I I D Z
S L T O S A C J I Z P L L N R I Z
E C N G Ó I L S É Ñ Y U V P O E D
R O E A T J I Q L A T E G E V S H
V T M S T L S E K E S Q N A C T W
A N I U Á Q K Ú O T S A P O Q U N
C E L N A Z A D I A Z M N D B D Ó
I I A S Ü L B G E Ñ O G V B T I I
Ó M A F M O A B L P E W E D O O C
N I I R R C S L A L S B C X W H A
V C W F I M J R A Z I É Y U Z P M
E O Ú Ó F Á C D U D K V C S P E R
Q N N D U F O X A C X K P P M P O
G O W L C O N S U M I D O R É T F
U C J W Q Q C E W P J A Ü M N L T

38

F R A P H A F R Z M E E Á O Z A C
G K E D S F T H D S H E N U P Y X
X Y C Y É V A S T Ñ S O O P M A C
B R T S A R O Í O F H E Y Á D L Á
R N M É R J M B F C J A P Y J P A
E Z A K D U Ñ Ü D X Ú Á R Q Z F Ñ
C N S B L Á Í D É A P M Q K C T O
E I I O S I P D C R D F E Y K F G
S H S M F I H K A Ó E I R S Ü Ú K
I B J P F B G N D T S O A Y L É G
Ó T O N O D Ú L A Ü I Z Ó O V J L
N F L S P V I H O M E X B J P X B
X E R U Q R Á P I L R S Z O K Ó N
W S J I Y U Y L A Ñ T A Í R V S Ú
S P E I Ú R E R Z X O Ñ C T Z N Z
I E N A Q N U X Ñ A Z E I S N I X
G R K V I T T J U N G L A A K C M
Á A H O A Z I U T D G Q É R S Í A
Y Z T N Q E O Y B H O S E L V A L
R A C I M O S V Ó J K H Á L W G M

39

Z G C M Y D E C I S I O N C M R I
S J O D B C T Í V S U T U J O O W
K C N J I R É Á É T U E W V Y L F
Ü O F B J V C R B Ú S G A O T J O
T B I W I É E Ú Ú T O F P S Y P Q
G O A U P T X T I É K A Ñ O Ü A C
E S N B N S F Ó H É P Q I L T B E
N O Z I U S N Q U B A R N I Á H N
A R A W C R P H Ó A J M A C I Q Ó
P P I M L O R L Q V U X O I B S I
Y R M X Ó T M I E D O A L T S X C
H E E M S S O H M S M G U U E O C
Í S H G T U Ü I B I E P Ú D G P E
E A Ú A U S Ú E C Ú E U T A U Ó L
Z E I D I N Y R J N S N G R R X E
Y Y T U G F T Y O E A Q T B I F Á
Ü A Í D K Y G A W M M S U O D X Y
L F C X Z F A X P C E P N E A Á Ñ
Á D U É N Á U G R U F T L A D Ñ U
A T S E U P S E R X U V D O C A X

40

R J Y D P W O S T N Ü B L Ü J M Z
J V O N A E C O L A H A A Y K I N
J É T O H Í I U R S T J V E A G T
Y W Q U F J M H Ú S E I O T G K E
A K B O F Í Ó E E D S U Z N R P I
I Ó Y K K N N R K Á C E I O O V L
J B S T H I O U S F O S R M P W W
U R S Z L F C J L W L P E T E E W
Z J T Í O L E R H B L E H L C Z S
P A F R Ñ B O Ú P O E C K A U U N
Y S G E F D R G A M R I Á G A L H
D A X S G Z G F G S A A Ñ O R A Ú
Q X W L Í A A A R I Á L A Í I G X
Ñ V C O Z C Q Í O R Q I T I O U O
R B E R F A Ñ G N U E Z N Ó G N D
K P R A G N F R O T G A O N R A M
R O R Z W I A E M O S C M W X O Ú
U E O N Q P G N Í R O I P W J S R
E F P G B S Z E A G V Ó R Ú U S Í
D K Q L L E Ó S F A V N M R S E O

Puzzle 41

N	Y	X	T	C	K	Q	R	G	P	L	D	Y	D	J	P	J
E	A	E	M	K	N	A	N	U	T	I	E	C	A	H	N	E
Q	Ú	T	S	Z	Í	Y	L	F	W	O	A	I	Ñ	C	T	Ñ
L	J	P	A	V	O	E	R	P	P	E	A	V	K	F	N	U
X	K	S	S	P	Ó	C	J	L	A	Y	B	N	B	H	R	V
N	E	H	O	N	K	Q	W	V	R	L	O	S	R	Ó	A	Q
O	N	I	N	Ü	I	D	F	Á	C	N	T	N	N	O	T	Z
A	T	A	I	Ü	W	Ó	D	Q	E	A	O	F	R	Ó	S	Q
I	R	K	G	Z	F	T	A	X	L	B	N	N	T	F	A	E
P	E	L	A	Á	Z	J	D	W	A	W	A	P	Á	U	P	I
B	A	S	E	P	Y	X	I	F	O	M	M	O	H	N	T	M
C	A	I	L	Q	A	T	V	T	E	Ó	I	T	S	C	Ü	Ñ
O	N	W	O	H	P	P	I	N	M	Ü	E	E	G	O	U	Í
N	A	Ñ	Z	D	Ú	S	T	F	C	N	N	Á	S	R	S	Á
E	R	I	P	W	N	A	C	F	U	O	T	E	E	R	R	C
X	L	B	K	Á	L	C	A	E	R	Q	O	Á	M	I	C	Q
I	P	H	R	M	Q	P	Z	A	Y	D	C	W	A	E	P	Ó
Ó	W	T	D	D	Q	O	M	C	C	K	P	V	N	N	Y	Y
N	S	E	U	G	Z	A	R	A	H	R	E	R	A	T	X	T
U	Í	W	E	P	C	U	W	K	I	H	H	U	Í	E	Y	Y

Semana	Entre	Nuez	Oleaginosas
Ornamental	Papa	Parcela	Pastar
Pavo	Tránsito	Abotonamiento	Aceituna
Actividad	Rana	León	Corriente
Base	Pata	Conexión	Camarones

Puzzle 42

P	A	O	C	L	O	X	I	L	W	H	É	I	Ü	Ú	K	É
R	X	A	T	G	R	Y	M	P	Q	L	V	K	Q	V	Ñ	U
X	Ü	A	T	M	Ó	S	F	E	R	A	Í	U	Z	J	U	S
N	A	C	W	A	O	Z	R	E	G	G	B	B	K	A	M	B
I	D	U	N	K	Z	N	I	Ñ	H	A	A	O	L	G	Q	A
D	I	E	R	O	P	A	V	P	N	Ó	I	S	I	C	E	D
A	T	S	Q	M	T	V	F	I	H	C	V	R	U	I	U	Ó
R	Ü	T	Á	O	Á	Ñ	F	Y	M	J	A	A	E	L	Y	Y
P	J	I	P	V	I	M	H	T	R	I	T	R	Ñ	P	Ó	G
A	Q	Ó	Y	B	A	D	U	D	J	N	K	A	T	F	X	D
D	Y	N	Ú	D	T	N	M	W	U	C	U	I	E	E	M	P
E	I	U	C	T	S	M	Ú	G	F	G	F	A	O	O	R	D
U	E	W	D	A	E	O	E	O	A	U	Ú	A	Ñ	I	W	A
Q	L	G	M	A	U	R	L	E	C	G	E	Q	V	K	T	H
S	A	H	N	J	P	V	K	I	E	A	Z	G	R	O	E	M
Ú	Ó	I	Z	I	S	C	L	E	C	I	L	W	O	P	R	Í
B	N	E	J	Q	E	G	Á	Ó	N	I	R	O	O	V	O	U
D	I	L	Z	K	R	N	U	M	M	R	T	Z	R	H	S	H
A	P	O	Y	O	K	O	R	J	X	K	A	U	F	F	E	L
C	T	S	I	G	R	E	E	Z	Í	H	L	C	D	P	W	H

Carne	Cartera	Calor	Agua
Hielo	Vapor	Fuego	Gas
Aire	Atmósfera	Ayuda	Favor
Apoyo	Búsqueda	Duda	Pregunta
Respuesta	Cuestión	Solicitud	Decisión

Puzzle 43

A	Q	Z	O	S	B	F	R	A	T	Ó	N	B	J	Y	Q	D
U	N	Ó	G	A	R	D	Y	C	Ú	C	Y	O	B	I	X	R
G	S	P	S	U	A	E	D	E	S	A	R	R	O	L	L	O
E	F	J	F	S	C	J	O	P	Ó	Y	U	G	Y	D	O	U
Y	Q	C	N	N	I	S	E	R	O	J	U	Y	Z	S	L	M
Y	N	X	A	Y	E	S	R	V	I	D	Z	M	E	M	P	B
X	N	V	R	R	U	Ú	I	V	O	X	U	C	O	X	P	K
N	A	C	G	Ú	Á	R	Y	R	F	C	O	N	E	J	O	G
M	S	O	Ó	N	C	C	A	G	C	R	O	X	R	G	U	C
F	R	Z	Y	X	C	T	T	A	T	C	P	Á	Á	E	Ñ	H
P	V	A	D	U	K	Ú	L	E	D	H	M	N	R	É	G	Ü
Í	B	F	H	P	T	B	R	P	R	Z	D	R	C	Y	T	F
Ñ	J	H	B	J	R	O	U	Ñ	J	P	A	Q	P	Ü	T	T
I	H	C	A	C	I	T	S	Í	R	E	T	C	A	R	A	C
N	A	Z	O	T	C	I	L	F	N	O	C	C	U	V	A	E
R	T	A	Q	C	C	B	K	R	M	G	J	W	R	M	H	V
X	A	B	B	A	A	B	A	C	A	X	I	A	B	B	T	L
I	R	E	U	M	U	Y	L	Ü	I	I	Ñ	I	A	G	I	Í
Ñ	A	J	L	D	J	E	R	G	I	T	O	K	H	Ó	Ú	C
G	M	A	K	B	K	N	V	J	Q	É	L	R	R	A	A	C

Abacaxi	Abeja	Yegua	Oveja
Mono	Ratón	Rata	Tigre
Conejo	Dragón	Conflicto	Guerra
Carácter	Característica	Crisis	Cambio
Desarrollo	Progreso	Avance	Retroceso

Puzzle 44

Á	B	P	O	S	I	B	I	L	I	D	A	D	O	J	K	Z
V	E	Q	R	A	Z	Ó	N	M	A	D	C	P	R	H	E	T
I	N	M	X	N	J	M	V	V	E	A	U	L	I	X	Q	J
E	W	Ó	A	I	C	N	E	T	S	I	X	E	P	N	B	U
I	T	Ñ	I	D	Y	N	D	T	Ú	Ó	K	E	Ü	V	O	A
A	Y	T	G	C	A	M	A	V	K	Z	R	Ñ	E	E	Ñ	D
X	R	B	J	M	A	Ñ	I	K	O	I	N	R	D	L	J	A
U	Ó	D	N	G	A	C	L	L	E	M	D	N	I	B	A	B
N	M	Z	N	A	U	J	O	N	A	A	V	P	V	Ó	M	E
F	Ó	E	P	E	A	N	C	V	D	C	R	P	Q	D	O	C
T	B	P	N	T	M	I	L	A	I	O	I	P	E	O	M	Z
O	E	W	Y	T	A	L	D	R	B	U	C	E	W	R	U	A
A	N	X	C	T	I	I	A	A	J	A	Q	E	R	V	S	Ú
F	V	D	L	C	S	R	B	L	L	O	M	E	Q	T	N	Ñ
N	B	T	E	E	C	I	A	M	J	B	P	B	A	J	O	G
U	Ú	M	C	Y	L	O	R	T	N	O	C	R	Ú	L	C	Ú
E	U	E	A	I	P	Z	U	O	H	A	R	T	S	A	É	H
Z	N	U	D	É	X	R	N	N	H	O	Z	C	G	O	I	Ñ
J	X	A	W	S	A	J	W	A	Z	I	L	R	F	Í	H	Ó
B	D	A	F	W	B	C	L	T	L	E	I	I	Q	Z	L	C

Existencia	Experiencia	Posibilidad	Probabilidad
Verdad	Mentira	Razón	Acierto
Equivocación	Necesidad	Pino	Bambú
Nuez	Almendra	Castaña	Arroz
Avena	Cebada	Consumo	Control

Puzzle 45

P	Q	P	F	X	T	R	Á	F	I	C	O	A	U	Q	Z	A
É	Z	J	C	W	N	U	S	Y	G	O	Ü	W	X	L	K	U
Q	Q	Z	E	V	P	N	Ó	N	N	O	D	N	U	G	E	S
T	Q	H	X	Ü	S	G	P	Z	G	Z	J	S	Ó	Á	N	L
B	I	A	I	N	O	P	O	R	D	I	H	Ó	O	P	O	B
S	É	C	S	N	É	M	P	Ñ	I	K	F	I	J	T	Y	Q
Ú	T	I	T	Q	Y	X	Q	E	P	B	H	O	N	C	A	V
B	W	E	E	Z	L	Í	G	E	P	Í	F	E	H	C	L	R
O	Á	N	N	G	Y	O	C	S	X	I	I	X	O	O	P	X
T	V	D	C	A	Z	E	O	P	T	M	N	M	Q	P	R	G
U	Ü	A	I	Ó	S	T	É	O	A	Á	P	O	U	Á	C	A
A	O	É	A	X	S	O	P	I	Ú	A	T	D	T	C	A	Y
Q	Y	K	S	E	T	L	C	O	Ñ	O	G	I	R	T	M	P
S	W	L	U	U	A	N	O	A	Í	D	V	L	G	T	B	A
É	P	P	N	N	A	C	M	G	R	A	S	E	C	D	I	Q
Í	M	I	C	N	R	I	Ñ	S	U	O	K	G	F	Í	A	S
I	M	T	I	C	E	S	U	B	I	N	M	Ó	X	B	R	B
W	O	F	X	N	X	D	A	M	B	U	L	A	N	C	I	A
N	N	L	T	E	E	X	C	E	D	E	N	T	E	X	A	Ó
N	P	O	A	P	S	M	S	R	T	S	C	B	Y	Q	Á	K

Excedente	Impuestos	Existencias	Acompañamiento
Financiamiento	Fitoplancton	Cambiaria	Hacienda
Hidroponia	Trigo	Segundo	Minuto
Hora	Día	Tráfico	Autobús
Ómnibus	Ambulancia	Peces	Pepino

Puzzle 46

L	C	R	E	C	I	M	I	E	N	T	O	A	T	F	A	O
L	A	R	U	R	E	A	R	U	T	N	U	Y	O	C	C	G
L	Y	A	Ü	O	L	G	R	J	L	É	J	K	D	E	I	E
F	A	P	A	L	A	N	C	A	M	I	E	N	T	O	M	D
R	Q	T	M	N	X	H	Ó	Ó	E	J	Z	L	X	M	Ó	Á
O	Q	J	B	Á	Y	X	O	Ü	Ñ	D	U	M	P	I	N	G
A	R	A	Y	R	E	S	H	O	G	I	M	A	T	Y	O	T
E	I	E	A	R	K	C	J	Á	Q	P	F	I	A	D	C	O
S	M	L	L	R	O	S	O	F	G	H	V	R	Ó	O	E	T
Ú	W	Z	I	E	O	Ñ	Y	L	Ó	V	Q	Ü	D	R	D	N
K	K	N	Ú	M	T	M	E	P	O	U	D	F	U	A	K	E
E	Q	Ó	E	T	A	O	A	S	I	G	I	F	R	D	J	I
X	É	I	G	U	X	F	H	T	I	D	Í	L	A	O	B	M
P	Y	C	Ñ	J	Ü	F	E	A	E	D	Q	A	Z	X	C	I
H	I	A	O	S	V	C	D	S	R	R	U	H	N	C	O	C
E	L	M	J	V	T	R	Y	B	V	T	A	Z	O	N	S	E
Ú	N	I	B	U	Q	D	H	Y	X	W	X	P	J	F	T	R
Ñ	U	N	R	S	X	E	A	S	Q	Í	F	E	I	O	O	C
J	Q	A	Y	C	O	M	P	E	T	E	N	C	I	A	É	K
X	V	K	A	I	C	A	C	I	F	E	X	V	Ú	S	É	D

Dorado	Durazno	Dumping	Ecología
Eficacia	Costo	Coyuntura	Económica
Crecimiento	Crecimiento	Rural	Competencia
Apalancamiento	Animación	Extrahotelero	Aromaterapia
Arquitectura	Diseño	Familia	Amigo

Puzzle 47

O	C	I	T	S	O	N	G	A	I	D	J	B	Á	T	R	P
O	P	Í	J	F	H	A	C	T	N	W	O	G	Á	E	J	B
T	A	Z	X	S	É	M	L	F	M	I	Ó	T	Q	J	Ñ	A
N	P	O	M	O	V	Í	B	L	A	X	R	O	Y	N	B	Y
E	A	Í	A	E	X	V	E	E	A	I	P	B	D	S	D	C
I	P	Ú	V	R	D	F	J	Z	V	T	N	G	O	J	P	U
M	F	W	E	Q	P	D	Ú	É	Y	R	N	T	K	S	Y	L
A	R	I	D	E	Z	Ó	G	V	Ü	P	Ñ	A	E	C	K	D
Z	A	S	I	S	T	E	N	C	I	A	Ú	D	P	R	J	U
I	Í	N	Ó	I	C	U	T	I	T	S	N	I	V	I	É	V
L	I	N	F	R	A	E	S	T	R	U	C	T	U	R	A	S
S	L	M	Y	T	Q	P	Q	N	W	I	Í	R	J	U	Ü	P
E	P	O	V	É	C	A	M	B	I	A	R	I	O	G	R	A
D	M	M	S	O	P	R	O	D	U	C	C	I	Ó	N	É	R
U	F	V	L	A	X	B	M	U	Q	J	U	C	S	O	B	A
S	J	Z	Á	Z	R	O	R	E	D	A	R	R	E	S	A	G
P	D	E	S	O	V	A	R	W	T	L	J	Q	F	Ü	Ü	U
I	H	B	O	L	S	A	P	O	O	Ü	G	W	V	F	S	A
A	W	U	T	R	Á	F	I	C	O	Q	S	G	M	B	G	S
C	S	É	D	C	O	T	I	S	N	Á	R	T	M	O	F	N

Sobrina	Aridez	Arpón	Aserradero
Asistencia	Bolsa	Paraguas	Parasol
Pantalla	Pomo	Deslizamiento	Cambiario
Desovar	Producción	Diagnostico	Infraestructura
Institución	Interés	Tránsito	Tráfico

Puzzle 48

M	F	B	Á	A	L	E	D	H	E	L	E	M	E	N	T	O
A	R	H	W	J	G	I	J	W	M	Z	O	T	A	P	A	Z
N	G	W	D	O	Q	G	Á	A	C	F	H	X	B	T	A	Q
G	F	Z	Z	W	G	A	N	X	Í	R	N	H	V	P	Q	I
A	Z	M	V	Z	Y	R	U	Ó	Q	Í	O	E	C	F	Y	D
Ü	T	A	I	C	N	E	I	C	R	S	O	S	U	E	F	O
O	E	C	T	N	A	N	O	P	K	U	B	M	A	R	K	I
Z	D	I	P	S	A	A	C	O	L	I	T	S	E	R	T	T
J	A	T	E	É	Ü	M	H	T	M	Í	F	N	Ó	E	Y	H
F	W	É	F	E	N	Ó	L	A	T	N	A	P	I	I	S	S
J	F	M	B	V	A	R	E	L	L	A	M	E	R	C	J	L
G	M	T	Q	H	O	Q	J	E	I	X	M	O	D	O	R	T
N	Ó	I	C	A	Z	I	L	I	T	U	L	Y	F	H	X	G
Y	D	R	Ñ	Y	P	B	J	Q	N	L	V	P	K	I	L	N
I	U	A	P	A	L	O	S	T	E	A	Ó	Z	C	S	F	A
Ü	E	R	P	N	Z	T	T	U	R	S	C	Z	A	T	I	A
I	C	M	D	Á	G	Ó	C	Y	I	Y	C	A	E	O	G	N
C	V	V	U	E	Ú	N	W	A	M	Í	A	É	Á	R	U	W
M	R	I	N	H	W	R	L	D	N	H	H	S	L	I	R	E
S	A	F	A	G	H	Ñ	Í	C	I	P	S	N	V	A	A	J

Manga	Solapa	Cuello	Botón
Cremallera	Cierre	Cinturón	Zapato
Gafas	Pantalón	Manera	Modo
Estilo	Figura	Elemento	Uso
Utilización	Ciencia	Aritmética	Historia

Puzzle 49

N	C	A	V	C	O	L	E	G	I	O	M	Ü	H	Y	F	T
P	M	M	S	S	P	O	E	S	P	E	C	T	A	D	O	R
C	K	D	A	D	I	S	R	E	V	I	N	U	D	I	X	L
Z	G	O	B	A	C	T	U	A	C	I	Ó	N	Á	S	W	B
Ü	C	X	Y	O	A	C	I	S	Ú	M	Z	O	É	Q	P	P
D	E	L	W	F	P	I	N	S	T	I	T	U	T	O	U	I
E	P	N	A	V	F	B	Y	E	Z	M	W	H	Ü	S	Q	N
W	O	O	T	G	Y	I	O	H	Z	K	D	I	O	S	G	T
G	H	E	T	R	A	E	Y	Í	M	J	Y	H	P	J	Y	U
D	E	O	Y	A	E	S	P	E	C	T	Á	C	U	L	O	R
H	E	A	I	C	Y	T	S	I	O	L	U	C	Í	T	R	A
G	D	L	Y	U	Y	Y	E	Ñ	R	A	X	H	O	Y	Í	F
K	U	E	P	Í	D	E	Z	N	R	G	H	H	X	D	I	Ú
S	C	U	Á	C	T	A	J	E	I	Q	W	A	N	Y	G	Í
A	A	C	H	O	E	É	C	K	Ó	M	K	Á	Ó	S	L	É
Í	C	S	E	L	V	T	A	B	A	Ú	I	A	O	Z	Í	D
É	I	E	R	A	C	U	L	T	U	R	A	E	X	E	X	K
L	Ó	H	Á	L	V	J	L	M	T	U	Ú	G	N	C	N	P
R	N	Ó	I	G	I	L	E	R	O	C	D	W	X	T	E	N
Ü	O	R	T	N	E	C	M	E	R	G	C	I	N	R	O	X

Centro	Acuícola	Cera	Cultura
Autor	Actuación	Espectador	Espectáculo
Entretenimiento	Arte	Pintura	Música
Religión	Dios	Artículo	Educación
Escuela	Instituto	Colegio	Universidad

Puzzle 50

Z	A	D	G	P	R	E	S	E	N	C	I	A	P	A	F	W
Z	K	M	M	J	Ü	A	T	Z	N	D	Í	H	P	C	K	W
L	O	N	Ó	O	D	Í	O	É	D	D	S	P	O	B	H	V
W	M	R	R	I	Ó	Á	P	M	X	O	E	O	T	V	Y	Ü
Z	U	P	X	L	S	Ü	H	B	Z	Ó	V	Í	E	E	S	H
N	S	C	O	N	C	I	E	N	C	I	A	V	N	R	T	Y
R	N	N	N	U	D	Q	Q	A	I	B	E	A	C	G	H	Ü
A	O	A	Ó	M	Ú	N	Q	I	L	A	V	N	I	A	J	Y
T	C	L	Y	I	W	J	G	O	Z	N	Ó	Ó	A	B	Ú	I
Ó	O	O	N	T	C	X	Y	N	D	O	Á	H	C	R	Ú	L
Á	T	C	X	E	D	P	A	S	O	L	Ú	T	V	D	W	K
O	U	Í	S	J	G	L	E	A	L	Ñ	J	Z	U	O	O	Í
Ñ	A	V	O	G	A	A	P	C	O	L	C	M	C	T	S	D
A	M	A	A	B	G	X	M	M	R	Q	A	K	É	C	S	V
Z	T	H	O	G	C	A	Á	I	X	E	P	W	Y	A	Ñ	I
R	O	R	L	A	Á	O	P	L	Q	N	P	V	M	T	C	Y
E	I	H	F	Y	Z	J	Ñ	P	A	M	T	J	Ú	N	W	A
U	F	Ó	A	D	B	E	R	E	N	J	E	N	A	O	P	X
F	N	Á	T	C	S	B	A	B	O	R	J	Z	P	H	B	X
E	B	V	O	Ú	X	A	Z	Ú	C	A	R	F	O	R	V	H

Oído	Tacto	Olfato	Dolor
Conciencia	Percepción	Imagen	Fuerza
Potencia	Presencia	Asno	Autoconsumo
Aves	Avícola	Avío	Azúcar
Babor	Bagre	Balanza	Berenjena

Puzzle 51

L Í U W O U H Q L T Q X O F Í R Q
E K T Ó W F N L D Ú A Y N X Ó R Q
R J J J Í S L C Z B B N A M I O V
D R Z É A H I G P N U S M Q O L G
A K H P R Í B H G F E P R W V D F
M T W S A O U I D K L R E K Ó T K
J O J N N M J E S B O I H Y X E E
I K C W C W V Ú E N E M C B B K N
R G T V E T M K J Í I O G I B K S
A J P É L M Í H R Ó N E S O A J M
F H U N E B Q Ú A O G A T P Á Í Ú
A U U L S Q H Z C Ñ B T O A Í J T
O R W Q S F N I C U R G F R K H S
S Á H C Z L D O E H B J O E I Z M
O O Q I H A L L E A R A R J Q T Í
P F B J Y E A P Y Q N T A A X T G
S J Á R G X U N G X C I O M J O Y
E M K A I W C W A H U Í N G I G A
J T É E T N A F E L E I I F F X X
U A N I E T O K O S I Y Ü É K O N

Tía
Sobrino
Bisnieta
Primo
Bisabuela
Nieto
Hija
Abuelo
Madre
Hermano
Pareja
Esposo
Conocida
Colega
Aranceles
Arar
Jirafa
Elefante

Puzzle 52

O	L	Á	H	X	E	M	B	U	M	M	V	A	A	O	W	J
S	Y	G	Q	H	P	A	W	S	B	X	Ñ	P	N	K	A	H
F	M	N	I	C	L	L	Q	Y	Q	W	T	É	S	Y	W	V
P	Ó	Z	S	E	Y	F	Á	P	F	Q	X	V	Y	A	Y	E
K	P	A	U	U	T	P	V	T	O	Ñ	A	T	S	A	C	B
Ü	R	R	Z	U	E	L	J	N	A	M	C	R	M	V	Ú	Q
U	I	L	D	F	I	X	X	A	J	N	O	Í	É	Ú	O	O
C	E	X	D	B	Z	E	R	U	N	D	O	T	O	H	N	S
A	L	L	I	M	E	S	Z	F	A	M	P	I	G	U	Z	X
L	L	D	H	W	B	A	Á	T	R	N	E	Z	N	N	A	M
T	S	R	X	K	H	N	W	K	A	O	R	G	O	U	R	K
K	A	Q	A	T	U	A	X	A	N	Y	A	T	H	R	U	H
R	N	C	T	Í	F	Z	G	T	J	Ó	T	O	X	Z	D	W
O	D	Z	X	E	Z	N	A	U	W	F	I	M	M	Í	L	D
K	Í	U	B	N	A	A	S	R	L	Z	V	A	Í	Ü	O	R
E	A	R	K	R	F	M	E	F	R	M	A	T	P	R	B	O
W	C	O	E	A	E	H	O	J	A	Á	Z	E	B	B	R	L
N	H	P	Ú	C	T	T	S	Á	I	E	P	R	C	K	Á	F
T	A	L	L	O	V	B	A	U	K	P	F	Ñ	H	W	L	R
Í	H	W	I	T	A	D	N	Ñ	Ú	Q	J	X	G	W	I	M

Flor	Fruta	Semilla	Árbol
Hoja	Raíz	Tallo	Hongo
Ciruela	Cooperativa	Manzana	Naranja
Plátano	Pera	Castaño	Durazno
Tomate	Sandía	Carne	Gaseosa

Puzzle 53

S	E	S	U	A	H	L	B	X	W	C	K	S	G	Z	U	N
J	X	S	B	V	P	S	E	L	I	F	J	U	G	L	U	Ó
D	P	U	A	M	B	U	L	A	N	C	I	A	Y	Ü	W	I
B	S	F	E	L	O	R	O	Q	F	H	Z	V	P	G	S	C
Y	Ú	O	S	Ü	C	H	I	L	O	O	Y	O	T	A	D	A
M	B	T	T	A	D	X	D	Q	R	Á	T	O	C	R	A	M
N	O	X	U	I	H	C	N	N	M	V	I	E	I	Q	Z	R
Ó	T	G	D	R	M	O	U	Ó	A	N	Z	G	N	N	S	O
I	U	Q	I	I	Ú	N	F	I	C	Ñ	F	Z	C	X	D	F
C	A	Á	O	M	J	O	I	C	I	B	M	J	F	J	M	F
A	Q	O	Ó	N	P	C	T	A	Ó	L	Ü	J	N	U	R	N
Z	N	S	V	G	V	I	A	G	N	W	I	Ü	S	L	Ó	L
I	Q	R	K	O	F	M	L	I	D	E	A	E	I	I	O	E
L	A	U	Ó	Ó	J	I	I	T	P	I	R	U	S	T	L	G
A	X	C	R	M	A	E	N	S	L	J	Ú	R	I	Z	J	U
R	Ü	M	S	N	S	N	A	E	Z	Ú	E	D	L	A	W	M
E	R	J	Z	I	L	T	Z	V	Í	V	É	P	Á	N	O	B
B	D	Ó	N	B	W	O	A	N	N	R	Y	P	N	A	É	R
I	Y	S	L	U	U	Q	Q	I	C	Ó	O	L	A	Z	E	E
L	Ú	B	X	S	Z	C	A	G	U	H	C	E	L	P	Z	S

Autobús	Ómnibus	Ambulancia	Inversión
Latifundio	Lechuga	Legumbres	Liberalización
Linaza	Crédito	Clase	Curso
Estudio	Formación	Análisis	Investigación
Conocimiento	Idea	Información	Dato

Puzzle 54

I	R	L	D	T	B	F	M	L	T	X	S	A	W	Y	G	M
J	D	A	A	V	I	I	F	A	Á	O	V	Á	Y	Y	G	R
A	C	R	D	Í	P	D	M	Ñ	O	D	X	K	D	Ü	K	K
O	X	G	I	T	O	A	I	H	R	U	Ú	J	N	V	K	W
H	E	O	C	T	Ñ	D	A	L	I	M	E	N	T	A	R	L
A	D	A	O	O	J	I	X	R	D	Q	P	D	U	I	O	I
Q	D	N	L	J	L	L	C	Í	K	V	A	Y	A	D	I	V
F	F	Ñ	E	A	V	I	T	U	R	I	S	M	O	H	P	R
I	Ü	S	V	Y	R	B	Ñ	L	S	D	H	P	M	H	T	E
N	Ú	P	W	F	C	I	N	I	V	E	L	A	Y	M	T	F
A	F	K	C	H	I	N	T	U	L	O	N	G	I	T	U	D
N	S	K	Á	S	N	O	V	V	I	P	Ü	I	R	F	D	Ü
C	E	D	Z	M	C	P	H	T	I	R	A	H	É	D	P	T
I	I	A	U	T	O	S	E	R	V	I	C	I	O	C	B	D
E	S	V	Y	Z	K	I	B	M	P	E	M	L	M	Ó	A	Ñ
R	N	U	U	Z	H	D	I	R	E	C	C	I	Ó	N	R	P
A	O	U	O	R	N	I	T	O	L	Ó	G	I	C	O	R	L
M	T	P	F	A	C	E	L	E	R	A	C	I	Ó	N	O	X
A	L	C	A	C	H	O	F	A	L	S	R	X	Ü	Ú	F	H
O	A	T	I	T	A	M	O	V	I	M	I	E	N	T	O	Z

Cinco	Seis	Movimiento	Velocidad
Aceleración	Dirección	Tamaño	Largo
Longitud	Alto	Barro	Lodo
Autoservicio	Disponibilidad	Financiera	Aviturismo
Ornitológico	Alcachofa	Alevin	Alimentar

Puzzle 55

U	M	K	C	L	G	P	W	Ú	V	Í	B	I	T	Y	S	P
M	A	B	H	G	R	A	Q	H	I	E	L	O	B	J	F	N
L	N	U	L	R	B	K	S	O	Q	N	V	G	V	O	W	L
U	D	M	N	F	O	R	I	G	F	Z	B	E	Ú	I	Ó	K
B	T	P	T	Í	B	D	O	E	H	F	S	U	I	W	N	S
T	M	E	R	I	A	I	W	P	F	M	Í	F	O	L	O	O
L	Q	D	T	B	F	A	É	P	A	X	E	R	Ó	B	M	L
S	N	L	Q	M	R	Y	C	C	H	V	K	T	I	S	N	Í
G	C	T	I	E	R	R	A	A	Á	V	G	S	A	F	B	M
A	U	E	N	É	E	G	B	X	L	S	N	M	U	L	D	N
Q	B	U	P	F	A	V	A	X	Ñ	I	X	P	N	O	R	J
E	E	Q	X	Y	C	P	L	W	E	R	I	Ñ	L	U	S	T
O	T	S	E	I	E	O	L	T	L	S	A	E	G	Í	K	K
A	O	O	S	G	H	R	O	I	O	E	U	M	T	C	G	V
Ñ	L	B	I	O	D	I	V	E	R	S	I	D	A	D	H	J
Q	A	Á	V	Í	X	C	I	L	O	C	Ó	R	B	L	U	É
L	H	N	Z	T	T	J	U	P	V	Ñ	B	A	B	L	A	Y
J	C	H	J	V	Z	É	B	K	Í	P	R	I	M	A	P	C
R	A	J	J	A	C	K	S	N	K	D	Ñ	U	Y	Ó	F	S
X	C	Q	O	A	T	M	Ó	S	F	E	R	A	Y	M	I	H

Bisnieto	Prima	Tío	Biodiversidad
Bovino	Bosque	Brócoli	Caballo
Cachalote	Calamar	Hielo	Vapor
Fuego	Gas	Aire	Atmósfera
Tierra	Piso	Suelo	Metal

Puzzle 56

Q	L	V	K	G	A	I	Y	A	N	K	D	B	D	W	K	E
P	M	Ü	R	A	C	O	Z	E	R	K	Ú	I	M	E	T	M
Ó	D	T	E	D	B	D	T	C	M	S	D	J	V	E	P	P
I	U	Ü	N	R	R	O	D	A	E	L	P	M	E	I	X	L
N	C	J	P	E	E	P	Í	A	R	M	P	W	O	U	S	E
G	Y	O	U	U	X	J	D	Ó	R	A	A	D	I	N	J	A
R	Y	K	R	C	C	X	A	D	H	A	P	D	I	C	V	D
E	H	J	C	D	J	V	X	H	D	X	M	A	T	A	U	O
S	H	X	P	U	Ó	M	H	I	L	O	F	Á	Z	M	L	O
O	Y	H	X	E	C	N	V	Ü	D	Q	Z	B	C	A	D	Ú
É	É	C	C	O	B	E	S	Y	S	R	U	Q	R	R	A	C
V	L	R	R	A	R	U	D	R	E	V	V	Z	N	O	D	E
Y	F	D	I	S	T	R	I	B	U	C	I	Ó	N	N	I	F
N	E	Z	I	S	B	C	P	Á	Ú	N	O	N	I	C	C	H
L	D	D	C	C	Z	A	H	D	Ó	Y	R	M	H	I	I	N
O	A	Q	Z	Y	T	L	O	C	H	X	E	A	G	L	T	J
D	Ü	X	U	A	J	I	V	E	G	Í	J	E	D	L	S	T
N	J	Q	T	C	Ñ	D	A	Y	M	U	V	U	S	O	A	Z
Ó	Y	A	Y	M	C	A	L	Í	G	H	D	S	P	S	L	M
O	S	E	R	G	E	D	C	A	M	U	V	A	Ú	F	E	V

Diversidad	Distribución	Ingreso	Divisa
Egreso	Elasticidad	Empleado	Empleador
Verdura	Patatas	Calidad	Camaroncillos
Aparato	Cámara	Aguja	Clavo
Hilo	Cuerda	Cordel	Cordón

Puzzle 57

B	Z	R	R	L	É	B	A	Ñ	S	Ú	A	Ü	D	Z	G	W
F	P	Ú	P	S	I	G	L	O	Y	D	K	G	O	L	P	Ñ
Á	K	X	R	V	K	U	T	S	B	É	Y	T	P	T	A	S
Ü	Z	M	H	T	Y	R	B	Z	J	C	G	E	P	T	I	Y
R	Y	E	F	M	Z	B	M	G	R	A	Z	O	C	É	P	F
S	C	S	T	Y	G	A	P	D	V	D	T	R	K	R	I	Í
B	A	M	Z	T	A	I	J	Í	F	A	Ñ	Í	B	M	R	C
W	V	A	F	W	L	W	A	H	E	S	T	A	C	I	Ó	N
N	E	A	R	E	T	E	R	R	A	C	L	R	H	N	Ü	C
T	N	K	E	Ñ	I	G	A	Z	R	G	Z	R	Z	O	V	P
E	I	M	Y	E	L	L	A	C	N	E	Y	F	H	S	J	B
R	D	I	A	B	Q	J	Z	E	C	U	I	Á	O	T	Q	A
N	A	L	N	K	G	V	P	W	R	F	A	T	U	R	T	A
E	I	E	W	W	A	T	S	I	P	O	T	U	A	V	Z	P
R	V	N	H	A	D	A	R	A	P	E	P	U	J	L	P	Ñ
O	M	I	S	U	Ñ	É	V	E	X	T	I	U	Q	Y	C	A
N	Q	O	C	V	Q	O	Y	I	Ó	Á	P	Q	E	M	K	O
Ú	P	É	K	J	H	C	G	M	Ó	H	F	Ú	V	R	Z	O
C	Ñ	S	T	Ó	R	É	W	Z	Ú	N	U	E	C	F	T	V
N	I	V	Y	Q	Ü	M	M	W	R	L	Ó	C	Q	Y	V	O

Vía	Ruta	Calle	Carretera
Autopista	Avenida	Estación	Parada
Avión	Aeropuerto	Tierra	Teoría
Ternero	Términos	Mes	Año
Década	Siglo	Milenio	Ayer

Puzzle 58

R	J	Ó	R	Z	S	J	I	A	W	O	E	O	V	J	P	L
Í	O	T	L	O	Q	X	Ñ	W	G	Ü	W	G	Q	O	É	R
M	Ú	T	K	C	T	Q	R	I	J	Á	D	H	É	D	E	E
T	C	P	E	E	D	C	D	D	G	S	J	Z	A	L	S	C
H	S	C	F	R	M	Ó	E	A	N	A	Ñ	A	M	E	I	E
E	J	O	C	B	C	X	C	S	É	O	B	I	B	U	Q	N
R	S	T	I	M	C	E	O	O	U	Á	L	X	U	S	E	A
O	D	E	Ó	O	O	F	S	O	N	Z	É	Y	L	I	D	M
É	R	J	R	N	P	I	Ó	Q	H	T	A	O	A	F	R	A
U	D	B	Ó	C	N	A	F	N	U	A	E	H	N	W	A	F
E	O	O	N	O	U	H	H	B	Í	Z	B	N	C	R	T	I
S	H	E	K	W	J	Q	I	D	N	E	S	Í	I	F	K	R
K	Ó	U	B	Ü	V	Ü	O	X	X	T	X	T	A	D	J	A
S	Z	Á	X	C	L	I	D	H	O	R	B	N	Y	L	O	T
S	U	B	S	I	D	I	O	S	S	A	Ú	Ü	P	F	O	M
Ú	Ü	W	M	E	K	Ñ	F	C	A	P	P	R	Q	U	F	G
J	P	S	M	D	A	D	I	L	A	M	R	O	F	I	V	Y
C	É	S	Y	Y	B	P	Q	T	P	A	L	A	B	R	A	T
G	W	A	S	S	B	Ó	D	T	A	M	A	R	I	N	D	O
U	Á	Ú	L	A	S	P	E	C	T	O	I	B	C	S	L	B

Ambulancia	Subsidios	Sueldo	Tamarindo
Tarifa	Hoy	Mañana	Amanecer
Mediodía	Tarde	Aspecto	Contenido
Objeto	Parte	Sector	Palabra
Nombre	Código	Secreto	Formalidad

Puzzle 59

G	Í	I	H	X	A	H	X	I	L	A	U	G	I	X	W	E
C	Ñ	J	Q	J	K	X	X	I	O	A	K	Ó	P	V	Z	N
Y	A	Z	J	A	R	F	B	L	K	Y	R	B	Á	V	K	H
Ú	L	É	U	Y	L	R	Ó	C	E	H	L	E	N	F	S	U
P	B	P	N	E	O	B	Ñ	Q	Ü	Ú	L	T	I	M	O	S
Ü	Y	A	P	P	M	J	E	M	P	R	E	S	A	B	U	Ü
K	Z	A	R	U	Q	X	P	U	X	O	H	K	U	X	U	A
C	P	U	A	C	X	U	E	C	N	S	Q	S	Ó	T	T	H
R	C	A	T	R	E	U	P	K	B	S	H	A	B	A	M	T
E	F	Z	Y	S	O	L	S	G	U	I	W	K	P	F	L	W
O	M	W	T	S	Ñ	Ñ	O	X	E	Ü	Ñ	S	F	A	K	R
H	K	O	Ó	H	O	R	Q	N	N	Q	O	H	O	T	O	O
D	X	L	G	U	Ú	T	W	I	A	Ñ	I	I	J	M	P	I
U	G	O	B	V	J	G	U	D	I	D	I	C	A	T	P	R
P	S	F	V	G	V	A	D	N	U	G	E	S	Ú	O	Ñ	E
M	D	N	I	F	I	O	C	I	I	S	R	F	L	T	S	T
X	U	R	T	Y	O	H	Ü	A	N	M	Ú	U	O	A	C	N
C	M	M	P	R	O	P	I	A	B	E	W	R	Y	L	M	I
H	Y	U	Ñ	D	J	H	O	J	L	J	R	B	L	N	Y	C
U	Á	I	V	M	Ü	Z	D	S	Ñ	O	Ó	O	Y	M	F	Ü

Buena	Segunda	Empresa	Puesto
Propia	Libro	Igual	Últimos
Total	Islam	Creo	Amor
Puerta	Interior	Hubiera	Niños
Dinero	Minutos	Papel	Barcelona

Puzzle 60

C	D	D	E	A	C	S	I	H	X	V	R	U	B	U	Á	L
S	U	H	O	N	U	C	X	I	A	J	E	M	L	A	N	G
Ñ	A	M	S	B	R	M	W	A	L	M	H	W	Q	S	A	A
J	L	A	G	U	A	Ú	N	S	D	F	I	Q	T	Ü	M	S
M	V	J	V	R	J	N	Ú	T	X	Ó	E	G	Ñ	É	E	C
I	E	L	Í	M	N	A	A	É	A	M	L	R	F	Ó	T	E
C	R	N	U	P	Ü	Q	Ü	C	A	L	O	R	A	Q	S	O
X	J	Ó	Z	H	C	D	Ü	F	U	P	N	X	H	F	I	R
U	Ó	I	D	H	K	A	U	Á	A	L	E	V	U	M	S	E
Z	N	S	H	U	X	U	Ñ	V	M	D	T	E	Ü	E	D	C
T	T	E	C	M	X	A	F	O	O	I	R	U	N	R	Z	E
M	Y	F	H	Z	D	A	D	S	E	Z	E	X	R	I	B	I
Ñ	C	O	Ü	N	F	U	E	G	O	Ú	Ñ	M	M	A	Í	T
B	E	R	C	O	É	L	V	S	N	E	H	B	H	F	Y	Z
X	U	P	S	Y	L	P	S	U	A	I	L	A	W	D	M	Q
W	K	W	G	D	Y	Ñ	Ú	Q	H	Q	É	P	Í	Ú	K	Z
T	R	A	B	A	J	O	Y	V	Í	C	V	G	M	P	F	R
A	E	W	V	A	L	M	Ú	Q	N	E	B	T	R	E	S	J
J	C	G	K	Ú	Z	X	O	Q	C	K	C	A	Ó	K	A	K
J	T	R	H	H	C	W	A	Ó	L	J	S	A	P	I	P	U

Sistema	Trabajo	Empleo	Profesión
Esfuerzo	Cero	Uno	Dos
Tres	Almeja	Alverjón	Anacultura
Calor	Agua	Hielo	Vapor
Fuego	Gas	Aire	

SOLUTIONS

41

N Y X T C K Q R G P L D Y D J P J
E A E M K N A N U T I E C A H N E
Q Ú T S Z Í Y L F W O A I Ñ C T Ñ
L J P A V O E R P P E A V K F N U
X K S S P Ó C J L A Y B N B H R V
N E H O N K Q W V R L O S R Ó A Q
O N I N Ü I D F Á C N T N N O T Z
A T A I Ü W Ó D Q E A O F R Ó S Q
I R K G Z F T A X L B N N T F A E
P E L A Á Z J D W A W A P Á U P I
B A S E P Y X I F O M M O H N T M
C A I L Q A T V T E Ó I T S C Ü Ñ
O N W O H P P I N M Ü E E G O U Í
N A Ñ Z D Ú S T F C N N Á S R S Á
E R I P W N A C F U O T E E R R C
X L B K Á L C A E R Q O Á M I C Q
I P H R M Q P Z A Y D C W A E P Ó
Ó W T D D Q O M C C K P V N N Y Y
N S E U G Z A R A H R E R A T X T
U Í W E P C U W K I H H U Í E Y Y

42

P A O C L O X I L W H É I Ü Ú K É
R X A T G R Y M P Q L V K Q V Ñ U
X Ü A T M Ó S F E R A Í U Z J U S
N A C W A O Z R E G G B B K A M B
I D U N K Z N I Ñ H A A O L G Q A
D I E R O P A V P N Ó I S I C E D
A T S Q M T V F I H C V R U I U Ó
R Ü T Á O Á Ñ F Y M J A A E L Y Y
P J I P V I M H T R I T R Ñ P Ó G
A Q Ó Y B A D U D J N K A T F X D
D Y N Ú D T N M W U C U I E E M P
E I U C T S M Ú G F G F A O O R D
U E W D A E O E O A U Ú A Ñ I W A
Q L G M A U R L E C G E Q V K T H
S A H N J P V K I E A Z G R O E M
Ú Ó I Z I S C L E C I L W O P R Í
B N E J Q E G Á Ó N I R O O V O U
D I L Z K R N U M M R T Z R H S H
A P O Y O K O R J X K A U F F E L
C T S I G R E E Z Í H L C D P W H

43

A Q Z O S B F R A T Ó N B J Y Q D
U N Ó G A R D Y C Ú C Y O B I X R
G S P S U A E D E S A R R O L L O
E F J F S C J O P Ó Y U G Y D O U
Y Q C N N I S E R O J U Y Z S L M
Y N X A Y E S R V I D Z M E M P B
X N V R R U Ú I V O X U C O X P K
N A C G Ú Á R Y R F C O N E J O G
M S O Ó N C C A G C R O X R G U C
F R Z Y X C T T A T C P Á Á E Ñ H
P V A D U K Ú L E D H M N R É G Ü
Í B F H P T B R P R Z D R C Y T F
Ñ J H B J R O U Ñ J P A Q P Ü T T
I H C A C I T S Í R E T C A R A C
N A Z O T C I L F N O C C U V A E
R T A Q C C B K R M G J W R M H V
X A B B A A B A C A X I A B B T L
I R E U M U Y L Ü I I Ñ I A G I Í
Ñ A J L D J E R G I T O K H Ó Ú C
G M A K B K N V J Q É L R R A A C

44

Á B P O S I B I L I D A D O J K Z
V E Q R A Z Ó N M A D C P R H E T
I N M X N J M V V E A U L I X Q J
E W Ó A I C N E T S I X E P N B U
I T Ñ I D Y N D T Ú Ó K E Ü V O A
A Y T G C A M A V K Z R Ñ E E Ñ D
X R B J M A Ñ I K O I N R D L J A
U Ó D N G A C L L E M D N I B A B
N M Z N A U J O N A A V P V Ó M E
F Ó E P E A N C V D C R P Q D O C
T B P N T M I L A I O I P E O M Z
O E W Y T A L D R B U C E W R U A
A N X C T I I A A J A Q E R V S Ú
F V D L C S R B L L O M E Q T N Ñ
N B T E E C I A M J B P B A J O G
U Ú M C Y L O R T N O C R Ú L C Ú
E U E A I P Z U O H A R T S A É H
Z N U D É X R N N H O Z C G O I Ñ
J X A W S A J W A Z I L R F Í H Ó
B D A F W B C L T L E I I Q Z L C

45

P Q P F X T R Á F I C O A U Q Z A
É Z J C W N U S Y G O Ü W X L K U
Q Q Z E V P N Ó N N O D N U G E S
T Q H X Ü S G P Z G Z J S Ó Á N L
B I A I N O P O R D I H Ó O P O B
S É C S N É M P Ñ I K F I J T Y Q
Ú T I T Q Y X Q E P B H O N C A V
B W E E Z L Í G E P Í F E H C L R
O Á N N G Y O C S X I I X O O P X
T V D C A Z E O P T M N M Q P R G
U Ü A I Ó S T É O A Á P O U Á C A
A O É A X S O P I Ú A T D T C A Y
Q Y K S E T L C O Ñ O G I R T M P
S W L U U A N O A Í D V L G T B A
É P P N N A C M G R A S E C D I Q
Í M I C N R I Ñ S U O K G F Í A S
I M T I C E S U B I N M Ó X B R B
W O F X N X D A M B U L A N C I A
N N L T E E X C E D E N T E X A Ó
N P O A P S M S R T S C B Y Q Á K

46

L C R E C I M I E N T O A T F A O
L A R U R E A R U T N U Y O C C G
L Y A Ü O L G R J L É J K D E I E
F A P A L A N C A M I E N T O M D
R Q T M N X H Ó Ó E J Z L X M Ó Á
O Q J B Á Y X O Ü Ñ D U M P I N G
A R A Y R E S H O G I M A T Y O T
E I E A R K C J Á Q P F I A D C O
S M L L R O S O F G H V R Ó O E T
Ú W Z I E O Ñ Y L Ó V Q Ü D R D N
K K N Ú M T M E P O U D F U A K E
E Q Ó E T A O A S I G I F R D J I
X É I G U X F H T I D Í L A O B M
P Y C Ñ J Ü F E A E D Q A Z X C I
H I A O S V C D S R R U H N C O C
E L M J V T R Y B V T A Z O N S E
Ú N I B U Q D H Y X W X P J F T R
Ñ U N R S X E A S Q Í F E I O O C
J Q A Y C O M P E T E N C I A É K
X V K A I C A C I F E X V Ú S É D

47

O C I T S O N G A I D J B Á T R P
O P Í J F H A C T N W O G Á E J B
T A Z X S É M L F M I Ó T Q J Ñ A
N P O M O V Í B L A X R O Y N B Y
E A Í A E X V E E A I P B D S D C
I P Ú V R D F J Z V T N G O J P U
M F W E Q P D Ú É Y R N T K S Y L
A R I D E Z Ó G V Ü P Ñ A E C K D
Z A S I S T E N C I A Ú D P R J U
I Í N Ó I C U T I T S N I V I É V
L I N F R A E S T R U C T U R A S
S L M Y T Q P Q N W I Í R J U Ü P
E P O V É C A M B I A R I O G R A
D M M S O P R O D U C C I Ó N É R
U F V L A X B M U Q J U C S O B A
S J Z Á Z R O R E D A R R E S A G
P D E S O V A R W T L J Q F Ü Ü U
I H B O L S A P O O Ü G W V F S A
A W U T R Á F I C O Q S G M B G S
C S É D C O T I S N Á R T M O F N

48

M F B Á A L E D H E L E M E N T O
A R H W J G I J W M Z O T A P A Z
N G W D O Q G Á A C F H X B T A Q
G F Z Z W G A N X Í R N H V P Q I
A Z M V Z Y R U Ó Q Í O E C F Y D
Ü T A I C N E I C R S O S U E F O
O E C T N A N O P K U B M A R K I
Z D I P S A A C O L I T S E R T T
J A T E É Ü M H T M Í F N Ó E Y H
F W É F E N Ó L A T N A P I I S S
J F M B V A R E L L A M E R C J L
G M T Q H O Q J E I X M O D O R T
N Ó I C A Z I L I T U L Y F H X G
Y D R Ñ Y P B J Q N L V P K I L N
I U A P A L O S T E A Ó Z C S F A
Ü E R P N Z T T U R S C Z A T I A
I C M D Á G Ó C Y I Y C A E O G N
C V V U E Ú N W A M Í A É Á R U W
M R I N H W R L D N H H S L I R E
S A F A G H Ñ Í C I P S N V A A J

49

N C A V C O L E G I O M Ü H Y F T
P M M S S P O E S P E C T A D O R
C K D A D I S R E V I N U D I X L
Z G O B A C T U A C I Ó N Á S W B
Ü C X Y O A C I S Ú M Z O É Q P P
D E L W F P I N S T I T U T O U I
E P N A V F B Y E Z M W H Ü S Q N
W O O T G Y I O H Z K D I O S G T
G H E T R A E Y Í M J Y H P J Y U
D E O Y A E S P E C T Á C U L O R
H E A I C Y T S I O L U C Í T R A
G D L Y U Y Y E Ñ R A X H O Y Í F
K U E P Í D E Z N R G H H X D I Ú
S C U Á C T A J E I Q W A N Y G Í
A A C H O E É C K Ó M K Á Ó S L É
Í C S E L V T A B A Ú I A O Z Í D
É I E R A C U L T U R A E X E X K
L Ó H Á L V J L M T U Ú G N C N P
R N Ó I G I L E R O C D W X T E N
Ü O R T N E C M E R G C I N R O X

50

Z A D G P R E S E N C I A P A F W
Z K M M J Ü A T Z N D Í H P C K W
L O N Ó O D I O É D D S P O B H V
W M R R I Ó Á P M X O E O T V Y Ü
Z U P X L S Ü H B Z Ó V Í E E S H
N S C O N C I E N C I A V N R T Y
R N N N U D Q Q A I B E A C G H Ü
A O A Ó M Ú N Q I L A V N I A J Y
T C L Y I W J G O Z N Ó Ó A B Ú I
Ó O O N T C X Y N D O Á H C R Ú L
Á T C X E D P A S O L Ú T V D W K
O U Í S J G L E A L Ñ J Z U O O Í
Ñ A V O G A A P C O L C M C T S D
A M A A B G X M M R Q A K É C S V
Z T H O G C A Á I X E P W Y A Ñ I
R O R L A Á O P L Q N P V M T C Y
E I H F Y Z J Ñ P A M T J Ú N W A
U F Ó A D B E R E N J E N A O P X
F N Á T C S B A B O R J Z P H B X
E B V O Ú X A Z Ú C A R F O R V H

51

L Í U W O U H Q L T Q X O F Í R Q
E K T Ó W F N L D Ú A Y N X Ó R Q
R J J J Í S L C Z B B N A M I O V
D R Z É A H I G P N U S M Q O L G
A K H P R Í B H G F E P R W V D F
M T W S A O U I D K L R E K Ó T K
J O J N N M J E S B O I H Y X E E
I K C W C W V Ú E N E M C B B K N
R G T V E T M K J Í I O G I B K S
A J P É L M Í H R Ó N E S O A J M
F H U N E B Q Ú A O G A T P Á Í Ú
A U U L S Q H Z C Ñ B T O A Í J T
O R W Q S F N I C U R G F R K H S
S Á H C Z L D O E H B J O E I Z M
O O Q I H A L L E A R A R J Q T Í
P F B J Y E A P Y Q N T A A X T G
S J Á R G X U N G X C I O M J O Y
E M K A I W C W A H U Í N G I G A
J T É E T N A F E L E I I F F X X
U A N I E T O K O S I Y Ü É K O N

52

O L Á H X E M B U M M V A A O W J
S Y G Q H P A W S B X Ñ P N K A H
F M N I C L L Q Y Q W T É S Y W V
P Ó Z S E Y F Á P F Q X V Y A Y E
K P A U U T P V T O Ñ A T S A C B
Ü R R Z U E L J N A M C R M V Ú Q
U I L D F I X X A J N O Í É Ú O O
C E X D B Z E R U N D O T O H N S
A L L I M E S Z F A M P I G U Z X
L L D H W B A Á T R N E Z N N A M
T S R X K H N W K A O R G O U R K
K A Q A T U A X A N Y A T H R U H
R N C T Í F Z G T J Ó T O X Z D W
O D Z X E Z N A U W F I M M Í L D
K Í U B N A A S R L Z V A Í Ü O R
E A R K R F M E F R M A T P R B O
W C O E A E H O J A Á Z E B B R L
N H P Ú C T T S Á I E P R C K Á F
T A L L O V B A U K P F Ñ H W L R
Í H W I T A D N Ñ Ú Q J X G W I M

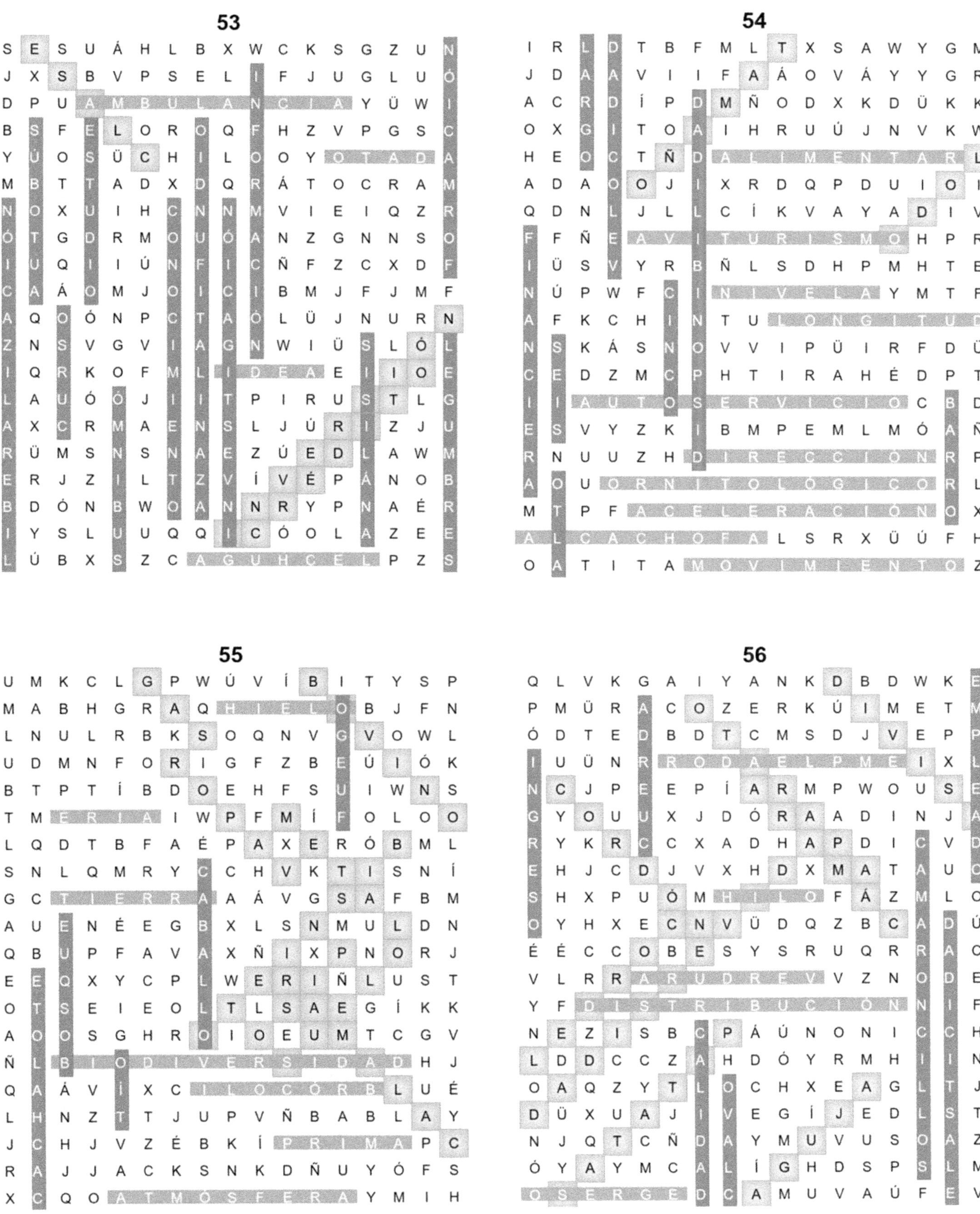
53
54
55
56

57

B Z R R L É B A Ñ S Ú A Ü D Z G W
F P Ú P S I G L O Y D K G O L P Ñ
Á K X R V K U T S B É Y T P T A S
Ü Z M H T Y R B Z J C G E P T I Y
R Y E F M Z B M G R A Z O C É P F
S C S T Y G A P D V D T R K R I Í
B A M Z T A I J Í F A Ñ Í B M R C
W V A F W L W A H E S T A C I O N
N E A R E T E R R A C L R H N Ü C
T N K E Ñ I G A Z R G Z R Z O V P
E Í M Y E L L A C N E Y F H S J B
R D I A B Q J Z E C U I Á O T Q A
N A L N K G V P W R F A T U R T A
E I E W W A T S I P O T U A V Z P
R V N H A D A R A P E P U J L P Ñ
O M I S U Ñ É V E X T I U Q Y C A
N Q O C V Q O Y I Ó Á P Q E M K O
Ú P É K J H C G M Ó H F Ú V R Z O
C Ñ S T Ó R É W Z Ú N U E C F T V
N I V Y Q Ü M M W R L Ó C Q Y V O

58

R J Ó R Z S J I A W O E O V J P L
Í O T L O Q X Ñ W G Ü W G Q O É R
M Ú T K C T Q R I J Á D H É D E E
T C P E E D C D D G S J Z A L S C
H S C F R M Ó E A N A Ñ A M E I E
E J O C B C X C S É O B I B U Q N
R S T I M C E O O U Á L X U S E A
O D E Ó O O F S O N Z É Y L I D M
É R J R N P I Ó Q H T A O A F R A
U D B Ó C N A F N U A E H N W A F
E O O N O U H H B Í Z B N C R T I
S H E K W J Q I D N E S Í I F K R
K Ó U B Ü V Ü O X X T X T A D J A
S Z Á X C L I D H O R B N Y L O T
S U B S I D I O S S A Ú Ü P F O M
Ú Ü W M E K Ñ F C A P P R Q U F G
J P S M D A D I L A M R O F I V Y
C É S Y Y B P Q T P A L A B R A T
G W A S S B Ó D T A M A R I N D O
U Á Ú L A S P E C T O I B C S L B

59

G Í I H X A H X I L A U G I X W E
C Ñ J Q J K X X I O A K Ó P V Z N
Y A Z J A R F B L K Y R B Á V K H
Ú L É U Y L R Ó C E H L E N F S U
P B P N E O B Ñ Q Ü Ú L T I M O S
Ü Y A P P M J E M P R E S A B U Ü
K Z A R U Q X P U X O H K U X U A
C P U A C X U E C N S Q S Ó T T H
R C A T R E U P K B S H A B A M T
E F Z Y S O L S G U I W K P F L W
O M W T S Ñ Ñ O X E Ü Ñ S F A K R
H K O Ó H O R Q N N Q O H O T O O
D X L G U Ú T W I A Ñ I I J M P I
U G O B V J G U D I D I C A T P R
P S F V G V A D N U G E S Ú O Ñ E
M D N I F I O C I I S R F L T S T
X U R T Y O H Ü A N M Ú U O A C N
C M M P R O P I A B E W R Y L M I
H Y U Ñ D J H O J L J R B L N Y C
U Á I V M Ü Z D S Ñ O Ó O Y M F Ü

60

C D D E A C S I H X V R U B U Á L
S U H O N U C X I A J E M L A N G
Ñ A M S B R M W A L M H W Q S A A
J L A G U A Ú N S D F I Q T Ü M S
M V J V R J N Ú T X Ó E G Ñ É E C
I E L Í M N A A É A M L R F Ó T E
C R N U P Ü Q Ü C A L O R A Q S O
X J Ó Z H C D Ü F U P N X H F I R
U Ó I D H K A U Á A L E V U M S E
Z N S H U X U Ñ V M D T E Ü E D C
T T E C M X A F O O I R U N R Z E
M Y F H Z D A D S E Z E X R I B I
Ñ C O Ü N F U E G O Ú Ñ M M A Í T
B E R C O É L V S N E H B H F Y Z
X U P S Y L P S U A I L A W D M Q
W K W G D Y Ñ Ú Q H Q É P Í Ú K Z
T R A B A J O Y V Í C V G M P F R
A E W V A L M Ú Q N E B T R E S J
J C G K Ú Z X O Q C K C A Ó K A K
J T R H H C W A Ó L J S A P I P U

Puzzle 61

A	U	O	A	Z	T	R	Q	C	É	I	X	R	O	L	A	C
O	C	S	G	D	J	Ú	W	J	J	Í	C	E	A	Z	Y	U
Y	D	N	R	P	Y	M	C	T	F	É	P	A	Q	É	E	P
P	Q	G	O	O	R	A	H	C	Í	H	C	S	F	V	L	O
Z	V	O	A	R	R	Ó	U	G	Ú	C	G	B	K	H	B	S
Y	N	R	L	O	H	Z	C	C	A	Z	H	Á	O	V	T	M
Q	Ó	R	I	T	P	L	Á	Í	L	L	B	G	V	M	T	Í
E	I	I	M	O	L	T	S	L	V	J	L	U	S	F	I	K
K	C	Ó	E	S	K	Ñ	G	D	O	L	E	I	H	J	C	A
Z	A	N	N	H	E	W	U	O	E	C	J	L	N	S	I	H
J	N	M	T	G	B	N	T	I	R	F	X	A	Y	A	F	A
U	I	D	A	S	O	A	G	U	A	G	L	S	N	L	É	Z
D	M	E	C	V	F	P	C	Ü	N	Q	A	A	A	A	D	Ú
Í	O	A	I	E	A	Ñ	Á	L	P	K	C	V	C	P	Ñ	L
A	N	Q	Ó	X	W	Z	C	J	G	H	X	F	F	T	A	O
S	E	P	N	W	S	E	T	N	A	S	I	U	G	X	O	P
E	D	E	H	M	X	N	H	Y	G	R	B	Q	G	X	V	R
O	V	R	E	U	C	S	O	É	Z	G	O	A	Ü	L	X	Ü
Z	W	C	B	O	Y	T	K	E	Ñ	D	D	I	X	G	Ñ	Í
V	É	R	X	Ó	E	F	Ñ	F	H	W	Y	J	J	Í	L	P

Pájaro	Gallina	Gorrión	Cuervo
Águila	Agro	Agroalimentación	Calor
Agua	Hielo	Cupos	Chayote
Chícharo	Déficit	Deflactor	Denominación
Papas	Judías	Guisantes	Porotos

Puzzle 62

W	X	N	U	N	Y	U	C	C	M	Z	U	X	A	X	N	Ñ
Y	N	O	V	Z	J	P	P	A	N	Y	A	Z	X	Í	É	R
G	A	Ú	M	S	O	Q	F	U	V	H	P	Ü	C	J	L	U
H	J	Z	O	P	C	Í	J	S	X	P	D	Ü	L	E	B	P
A	E	G	P	N	K	C	D	A	J	A	Ñ	A	T	N	O	M
I	F	F	M	C	U	G	S	Í	T	C	O	T	I	X	É	Á
C	E	N	E	R	G	Í	A	X	P	I	E	L	V	V	L	E
N	V	D	I	C	E	F	R	A	C	A	S	O	A	Z	Q	J
E	M	F	T	R	T	S	N	C	H	E	R	U	U	Í	N	H
U	B	Ü	P	A	S	O	U	Y	E	S	T	Í	U	O	H	H
C	O	Q	W	Á	K	O	V	L	Ü	R	B	N	R	Ó	Ñ	K
E	Z	B	R	T	Í	P	T	R	T	Ñ	R	G	O	Ü	N	W
S	I	E	I	D	O	E	R	A	S	A	O	O	Ú	M	Ó	K
N	X	N	O	M	R	R	R	M	U	L	D	X	P	J	I	U
O	H	E	L	J	C	J	O	N	A	É	C	O	Z	B	C	Q
C	L	F	X	Í	R	U	Y	Q	H	C	A	X	V	M	U	Á
V	V	I	Q	Y	D	I	Z	W	K	Ú	T	T	Z	U	L	J
É	P	C	S	H	A	C	A	L	E	N	D	A	R	I	O	Q
I	X	I	A	R	D	I	R	G	Q	Y	Y	A	C	W	S	L
X	Ú	O	W	E	E	O	W	R	K	I	N	B	B	H	J	Q

Mar	Océano	Cerro	Monte
Montaña	Luz	Energía	Tiempo
Calendario	Edad	Solución	Efecto
Resultado	Logro	Éxito	Fracaso
Causa	Consecuencia	Beneficio	Perjuicio

Puzzle 63

Y	W	Y	F	S	E	T	R	A	M	E	Z	F	V	E	S	Z
B	K	X	I	D	N	C	Í	I	I	Y	L	Y	K	O	M	T
C	V	O	C	K	E	D	V	Z	B	G	O	L	R	X	O	M
L	S	Ó	R	A	O	D	Q	W	R	P	C	Á	V	A	Í	É
T	N	O	U	I	P	O	R	A	N	U	A	R	Í	R	E	M
I	V	O	D	G	G	A	B	A	E	T	R	E	Í	A	J	I
E	E	E	T	W	G	A	C	S	T	Ü	A	C	Ú	N	L	É
A	M	Á	D	A	D	I	C	I	R	T	C	E	L	E	S	R
H	U	W	F	O	S	U	V	N	D	P	P	H	Y	V	E	C
J	M	Á	Q	E	L	N	O	W	E	A	É	C	B	P	J	O
S	O	P	N	T	T	C	X	J	F	G	D	O	Ñ	W	U	L
S	O	U	U	Á	Q	V	Ó	R	E	U	O	N	C	F	E	E
U	L	R	L	C	H	L	I	B	Á	H	Z	A	E	W	V	S
O	A	Y	D	I	A	T	S	I	V	E	R	O	D	R	E	M
Ü	O	P	T	A	M	A	R	U	T	P	A	C	F	V	S	Ñ
N	Ñ	R	N	Y	U	P	Y	J	L	Y	N	V	J	G	I	H
O	I	B	X	H	W	C	V	Ü	A	N	A	Ñ	A	M	N	E
C	E	O	N	Ó	I	C	A	T	I	C	A	P	A	C	S	T
H	W	P	B	K	R	L	X	J	S	O	R	B	I	L	Á	T
E	O	I	W	Ó	V	R	E	C	E	N	A	M	A	U	T	Q

Escultura	Libro	Revista	Cuadro
Grabado	Electricidad	Capacidad	Capacitación
Captura	Caracol	Mañana	Amanecer
Mediodía	Tarde	Anochecer	Noche
Lunes	Martes	Miércoles	Jueves

Puzzle 64

J	C	Í	Ú	Y	R	Z	Ñ	Á	Ú	Z	K	G	O	H	C	P
U	H	L	Z	Ñ	Y	X	G	I	Á	O	L	M	Á	O	K	A
N	L	Ó	D	V	U	O	R	X	U	Ú	A	C	C	D	S	R
G	O	Ú	X	Ó	F	E	Á	K	D	D	E	J	O	Y	O	A
Ó	S	X	Ü	T	Í	J	R	J	E	A	N	V	U	E	S	G
G	A	F	Ú	Ú	N	D	G	D	L	Q	A	X	A	G	Ú	U
L	R	E	Y	X	Ó	X	R	T	N	W	S	Z	P	L	A	A
A	A	D	G	N	D	E	G	C	L	M	L	V	G	D	L	S
R	P	R	Y	W	R	D	H	V	C	Ü	O	D	O	L	D	F
L	A	G	M	Ü	O	R	R	A	B	L	B	O	E	R	W	I
Á	X	B	S	A	C	S	I	W	L	I	R	A	S	Ñ	I	G
A	J	W	C	A	T	B	L	I	J	A	S	Z	B	A	B	R
P	O	D	O	G	L	S	S	O	C	D	B	Ú	A	R	S	Y
A	V	H	X	Ó	Ú	L	J	N	B	B	S	Ü	R	E	E	B
R	W	I	V	P	O	I	A	V	D	I	H	C	A	V	Y	Z
A	T	L	N	B	Ú	R	N	T	Q	R	O	L	M	X	X	S
T	J	O	Y	Q	T	B	B	X	N	R	W	V	Á	B	X	U
O	M	O	P	S	C	U	E	R	D	A	Q	L	C	Z	J	X
H	U	D	C	O	O	L	Y	E	I	Z	P	A	I	A	Ó	N
W	Ú	Í	Ó	O	V	A	L	C	P	M	Y	H	U	Ú	O	L

Barro	Lodo	Aparato	Cámara
Aguja	Clavo	Hilo	Cuerda
Cordel	Cordón	Bolsillo	Bolso
Bolsa	Paraguas	Parasol	Pantalla
Pomo	Llave	Trancar	Arma

Puzzle 65

V	B	B	Z	J	G	T	N	I	J	P	A	E	Ü	T	V	Z
C	C	Q	O	S	H	C	N	U	T	B	N	Y	H	V	C	O
H	G	D	S	A	A	O	M	F	R	Z	X	V	G	Á	J	U
A	O	V	I	G	F	P	X	I	L	E	B	T	O	G	I	Ü
Q	Z	Z	Y	A	F	Á	G	A	P	E	R	T	U	R	A	D
U	S	S	D	R	E	O	O	T	A	R	A	P	A	W	U	H
E	R	S	I	B	L	B	H	Z	F	I	S	J	E	T	Z	U
T	P	E	B	A	G	K	B	U	E	E	A	A	I	C	I	E
A	R	N	U	D	B	U	E	S	U	J	E	T	A	D	O	R
B	G	I	J	L	V	H	N	Y	B	H	P	L	A	M	F	C
C	L	T	O	A	U	Q	E	N	Z	A	Z	Z	L	R	N	X
Q	M	E	C	F	S	I	F	S	O	O	Ü	M	L	O	Ó	X
Ó	Z	C	O	E	Z	N	I	P	N	M	Ú	X	O	V	Z	X
S	O	L	R	S	Y	H	C	C	W	É	N	K	B	Y	L	É
O	N	A	D	J	O	W	I	É	O	U	R	F	E	Ó	A	A
S	Z	C	O	S	P	L	O	C	I	N	E	Í	C	X	C	U
T	U	R	N	O	L	X	D	E	U	Q	F	Y	Ú	Z	L	L
É	B	E	E	O	X	S	H	Z	G	G	C	E	B	A	D	A
N	C	N	S	P	F	F	V	F	R	Q	K	P	X	T	A	A
X	H	P	T	R	A	L	E	C	R	A	P	A	I	L	T	U

Aparato	Aparcelar	Apertura	Aptitud
Beneficio	Cebada	Cebolla	Censo
Cine	Dibujocordones	Abrigo	Chaqueta
Calcetines	Bragas	Calzón	Calzoncillo
Sujetador	Sostén	Falda	

Puzzle 66

Z	C	O	A	Z	E	H	M	A	M	N	M	C	K	G	J	W
J	L	M	S	F	Á	O	O	Q	N	Á	N	Z	A	Q	B	Í
Y	A	V	O	O	I	P	M	Y	V	E	C	Ú	U	B	R	U
J	S	F	P	Z	X	J	E	D	H	B	M	X	R	P	W	L
A	I	C	S	C	D	V	N	I	Q	U	E	L	W	I	S	U
Y	F	O	E	S	O	F	T	N	A	L	O	T	O	U	H	S
Ü	I	L	M	H	O	R	O	M	A	R	A	Q	K	C	R	T
T	C	E	Q	U	P	A	D	R	E	C	E	R	D	O	I	G
D	A	C	R	J	C	R	U	S	T	Á	C	E	O	S	Á	A
G	C	T	D	Í	B	O	I	N	O	M	I	R	T	A	M	Í
É	I	I	C	Z	I	É	V	J	N	D	B	J	S	E	H	R
Ó	Ó	V	E	L	P	G	P	I	O	T	I	D	É	R	C	C
R	N	I	S	O	O	O	P	I	U	I	Y	G	X	N	P	K
D	X	Z	C	E	J	Y	P	Y	H	Í	W	F	Q	U	O	Ñ
R	U	A	S	C	T	X	S	T	K	L	Q	F	R	P	Y	X
X	Ü	C	P	U	A	C	L	B	O	T	E	L	L	A	M	U
K	J	I	Á	E	M	R	É	C	N	C	R	D	C	B	L	I
E	Ó	Ó	E	L	I	Y	C	C	H	P	W	Q	R	T	L	I
S	C	N	M	L	L	E	N	A	M	P	Q	K	F	Á	T	R
O	T	R	O	O	C	J	V	P	E	T	N	A	T	S	N	I

Crédito	Cría	Crustáceos	Cuello
Botella	Época	Era	Fecha
Instante	Momento	Esposa	Matrimonio
Amor	Padrecerdo	Clasificación	Clima
Col	Colectivización	Colmena	

Puzzle 67

Q	Q	P	D	M	E	Y	R	O	S	E	F	O	R	P	C	Í
O	N	S	E	M	Q	A	T	X	A	Í	Q	X	G	Q	O	A
G	F	P	O	L	Í	T	I	C	O	K	P	G	L	F	A	I
H	J	A	U	É	A	F	W	C	B	Ú	Ú	A	W	L	T	N
X	E	R	T	S	A	S	K	N	Ú	G	W	R	B	A	U	A
H	H	Y	T	S	T	N	F	V	F	Ñ	D	A	U	I	H	M
E	B	Z	E	V	I	G	S	Í	A	O	N	Á	Q	L	F	E
V	K	U	O	U	U	X	E	X	L	I	S	E	X	E	C	L
O	K	E	I	Á	B	G	A	Ü	A	R	P	Ú	Y	G	Á	A
B	R	O	R	A	Ü	T	I	T	C	A	Y	O	N	R	G	Ü
Z	U	E	A	W	N	R	B	L	R	N	D	R	N	A	Í	K
Y	U	Q	T	T	Ú	O	M	W	A	I	C	E	Z	I	V	L
A	F	H	E	R	Ü	O	A	Y	M	R	S	T	E	I	C	T
I	Y	H	R	Z	O	N	G	Ñ	N	E	L	A	K	F	Q	A
G	J	W	C	L	L	P	C	K	A	T	Q	P	J	T	S	T
R	K	Y	E	Q	U	L	L	Q	Y	E	J	A	B	Q	R	U
O	Z	O	S	Í	D	F	L	H	M	V	V	Z	S	Á	Z	V
E	N	A	T	S	I	N	A	G	F	A	O	Ñ	S	R	I	Q
G	É	O	I	Ó	Y	A	M	R	M	Z	K	Q	W	F	X	A
L	T	G	A	B	Ó	N	A	H	J	I	Q	F	Z	U	R	Y

Afganistan	Albania	Político	Portero
Profesor	Alemania	Gabón	Gambia
Georgia	Myanmar	Sastre	Secretario
Taxista	Veterinario	Zapatero	Argelia
Buey	Búfala	Llama	Poni

Puzzle 68

G	Ó	L	B	S	T	W	I	W	H	E	K	T	H	C	M	G
N	J	C	A	Q	F	T	X	T	W	Ú	A	W	W	Ñ	K	H
L	S	S	J	O	A	X	D	E	C	O	R	A	D	O	R	A
B	A	P	A	L	S	D	I	Z	W	C	J	Ü	Í	L	U	C
I	S	T	I	M	S	E	N	O	G	O	R	T	B	L	E	W
T	E	A	S	N	O	V	R	X	O	N	Ó	D	W	Ñ	T	B
O	T	P	Í	I	G	A	Ñ	Q	I	S	L	A	N	D	I	A
N	N	S	E	Í	T	Ü	Q	C	U	E	W	G	Á	C	T	Á
A	E	K	N	O	B	N	I	G	Q	R	N	D	U	F	L	R
C	I	É	Y	T	J	V	E	N	N	J	Ú	B	Ó	Y	F	E
Í	P	J	C	O	S	X	S	D	O	E	A	K	I	Z	Y	A
L	R	Y	W	S	M	O	N	I	R	A	M	E	U	V	B	L
E	E	Ó	H	E	Y	X	H	E	L	B	A	T	N	O	C	S
P	S	L	J	L	A	R	A	Ñ	A	Á	W	Ü	A	Q	O	U
C	R	O	A	C	I	A	E	S	G	X	Ü	M	U	Á	O	J
N	O	K	S	Í	B	Y	Z	H	W	S	O	V	Y	U	X	U
N	Ú	T	V	N	B	Ó	Á	Í	Í	R	Y	D	A	Ñ	Ú	P
V	K	V	A	U	B	O	E	X	R	H	Ü	C	C	P	W	N
Y	U	D	Ú	P	H	T	I	E	B	Ú	Y	M	A	S	I	V
U	N	Z	N	K	C	O	P	H	W	J	W	P	S	É	E	A

Conserje	Contable	Decorador	Dentista
Islandia	Italia	Samoa	Marino
Perro	Pingüino	Pato	Real
Pelícano	Croacia	Cuba	Laos
Lesoto	Nauyacas	Serpientes	Araña

Puzzle 69

T	B	Á	B	S	Y	K	Q	Q	B	H	F	D	V	F	L	R
A	P	O	M	O	N	G	O	L	I	A	C	K	T	I	F	H
N	C	O	R	E	I	N	E	G	N	I	W	Ü	T	C	I	N
Z	Z	Ü	O	Ñ	E	M	Q	M	J	Ü	P	U	K	S	F	C
A	Z	C	F	C	F	O	C	Í	U	O	A	B	T	G	M	J
N	O	A	E	Ü	É	N	P	P	N	N	V	O	B	K	M	P
I	O	R	B	N	I	T	R	U	I	O	R	E	R	R	E	H
A	G	A	X	B	Á	E	T	A	Y	I	K	I	S	T	Á	N
A	A	C	I	G	H	N	Ó	H	A	N	F	E	C	L	L	D
W	L	O	G	O	T	E	U	D	A	Ú	W	V	F	L	C	Z
K	É	L	U	I	Í	G	O	C	L	A	R	I	N	E	R	O
P	I	B	N	U	O	R	E	Y	O	J	F	K	V	A	C	S
Í	C	P	F	M	P	O	D	X	E	T	V	L	Ú	R	K	E
I	R	I	N	F	O	R	M	Á	T	I	C	O	K	P	Q	L
O	U	Ñ	D	Q	E	X	P	U	O	R	O	A	O	N	M	A
S	M	S	O	R	E	N	I	D	R	A	J	J	G	E	W	R
C	Z	M	A	I	D	N	A	L	I	A	T	O	R	C	J	O
Y	Í	E	U	Q	I	B	M	A	Z	O	M	E	Q	W	I	C
L	N	C	O	G	R	U	B	M	E	X	U	L	Z	R	Y	H
H	H	Í	O	I	R	A	N	A	C	K	M	B	E	F	X	Q

Herrero	Historiador	Informático	Ingeniero
Jardinero	Joyero	Lituania	Luxemburgo
Caracol	Corales	Mongolia	Montenegro
Mozambique	Tailandia	Tanzania	Tayikistán
Clarinero	Canario	Murciélago	Togo

Puzzle 70

Ñ	E	W	B	Z	A	X	Z	G	A	H	V	F	Á	X	Á	V
E	I	K	N	Y	A	M	Q	É	Z	Á	Ó	L	L	U	I	M
Z	P	K	Y	Q	P	Ñ	Y	P	A	G	Y	A	S	O	É	O
A	O	L	N	O	M	R	Í	A	I	Í	B	R	R	K	R	I
U	I	W	A	A	Z	A	B	M	A	M	G	V	Q	R	S	O
C	L	N	X	M	A	R	I	Q	U	I	T	A	Ó	B	Ó	J
E	O	I	O	N	B	L	E	A	J	X	D	S	É	U	A	F
H	B	Ó	A	T	H	N	A	M	I	B	I	A	Ü	R	M	A
C	O	F	K	I	S	Ñ	V	T	H	N	Ú	G	D	R	R	G
H	H	C	P	E	S	E	P	Q	G	S	Á	I	C	D	W	A
Z	O	O	D	Ó	K	E	Q	E	L	S	N	U	N	J	R	C
G	K	R	T	I	J	S	N	P	Q	E	C	A	H	O	Ü	É
Ñ	C	A	M	U	T	I	Á	O	R	A	M	P	F	Y	A	Y
Z	E	L	Q	I	E	G	U	O	R	A	M	X	L	E	Í	M
O	G	E	Ú	R	G	D	Í	A	L	C	B	M	Á	R	P	A
C	Ñ	S	O	É	G	A	C	A	S	B	I	A	W	O	O	N
I	E	Ú	H	Ü	D	H	S	P	J	Y	S	M	V	Q	I	A
X	Z	P	C	J	A	G	U	S	W	U	P	A	R	A	T	T
É	U	V	Y	S	Á	Z	Z	T	I	V	P	L	Z	B	E	Í
M	Í	R	Ú	A	Ü	T	R	Y	B	Z	Z	L	Ú	E	X	U

México
Loro
Mamba
Joyero
Etiopía
Micronesia
Manatí
Mariquita
Corales
Namibia
Llama
Salamandra
Ingeniero
Cucarachas
Hormigas
Lobo
Gecko
Jardinero
Estonia
Larvas

Puzzle 71

E	C	P	Z	Ñ	O	D	M	U	M	Ó	N	A	C	O	Z	Ú
F	P	H	U	P	E	S	C	R	I	T	O	R	W	B	E	Y
O	U	X	A	T	U	K	É	A	O	Á	I	D	Ü	O	O	P
X	B	S	T	U	Í	Z	N	B	R	D	U	N	Y	C	H	G
U	L	D	S	E	H	J	D	I	E	A	E	A	A	I	X	G
Ú	I	Ñ	I	C	L	V	C	E	J	N	S	M	G	T	N	O
Á	C	Ü	N	M	Í	T	N	L	O	A	T	A	J	Ú	S	O
N	I	Z	O	N	D	G	Ú	O	L	C	I	L	M	E	M	N
C	S	F	I	Ó	É	V	R	R	E	E	L	A	U	C	F	W
L	T	O	C	T	A	V	E	R	R	T	I	S	Ó	A	J	T
E	A	C	P	I	I	V	M	U	P	N	S	L	D	M	E	F
H	V	I	E	R	V	E	A	S	O	O	T	K	T	R	Y	D
K	Ñ	S	C	T	A	T	C	I	M	R	A	D	N	A	N	D
X	B	Í	E	Í	D	N	K	A	G	E	T	C	S	F	N	O
K	Q	F	R	S	L	E	G	B	Ü	C	Y	F	C	J	R	C
Q	D	U	Q	R	O	I	C	W	G	O	J	K	I	Y	S	I
V	U	G	J	E	M	P	Ó	G	R	N	D	X	N	J	Y	M
H	W	T	T	N	P	R	É	Y	É	I	T	S	E	G	É	Í
I	O	D	G	O	F	E	M	K	O	R	C	A	S	A	V	U
K	E	F	C	Ó	I	S	J	X	J	S	G	V	M	J	M	Q

Publicista	Químico	Recepcionista	Relojero
Bielorrusia	Reno	Rinoceronte	Salamandra
Sapo	Serpiente	Escritor	Estilista
Farmaceútico	Físico	Camerún	Canadá
Orcas	Moldavia	Mónaco	Tritón

Puzzle 72

C	A	D	F	L	Q	Ú	C	H	Y	W	M	N	E	J	M	Q
K	A	I	H	E	F	M	X	I	Q	S	A	P	O	P	M	B
E	C	U	A	D	O	R	É	S	L	I	B	É	L	U	L	A
C	A	L	E	U	Z	E	N	E	V	A	A	I	F	Ü	W	L
B	X	O	A	Ü	Y	A	T	N	A	M	M	J	E	K	Í	Y
Ü	R	C	R	A	L	É	G	A	M	S	B	A	C	T	L	D
F	O	A	D	N	O	Y	C	A	O	K	R	A	J	K	C	Z
X	T	B	N	R	I	Á	L	C	V	O	S	P	O	W	L	M
N	P	B	A	A	K	T	E	L	T	T	G	E	F	R	I	Y
N	I	Ó	M	D	A	U	O	Á	O	N	D	R	D	O	Y	F
N	G	S	A	S	R	E	G	R	D	W	N	T	C	D	U	W
C	E	N	L	R	F	I	Z	J	R	H	T	L	T	A	V	K
U	Y	A	A	W	L	I	B	E	X	I	V	X	T	V	I	N
Y	I	M	S	A	Y	A	R	R	A	T	N	A	M	L	E	G
F	D	É	T	O	L	Í	R	B	I	L	O	C	R	A	T	Ü
F	F	L	U	A	P	O	L	A	Ó	O	H	M	O	S	N	Á
X	R	K	C	E	J	I	F	Q	Í	F	P	Y	Ñ	S	A	N
Y	S	B	Á	T	O	I	R	L	R	Á	K	F	É	P	M	Ñ
I	G	B	N	P	Ñ	V	P	A	K	N	B	M	G	H	U	U
W	Y	D	S	N	V	S	H	K	M	Ü	J	O	D	K	N	M

Mali	Malta	Marruecos	Castor
Ornitorrinco	Mantarraya	Manta	Rana
Sapo	Salamandra	Libélula	Colibrí
Tucán	Venezuela	Vietnam	Ecuador
Egipto	Salvador	Mariposa	Aligátor

Puzzle 73

R	A	U	G	A	J	N	Ü	A	N	M	F	Ñ	U	O	T	S
S	Z	P	L	X	U	K	L	H	G	Ñ	P	A	T	R	O	Z
A	J	G	A	R	R	A	P	A	T	A	S	R	A	F	Á	J
Z	R	F	Y	H	O	Q	D	V	Z	Z	A	R	U	Á	Q	T
W	Ü	D	I	K	Z	G	O	B	F	G	L	K	N	Z	T	M
M	M	T	R	W	K	R	K	E	A	G	K	J	A	F	É	V
K	M	U	P	Y	F	I	G	L	R	T	Ü	K	V	O	P	Í
U	X	E	I	Ñ	Í	L	A	I	R	E	G	I	N	Ú	E	Ó
V	L	N	Í	G	L	L	H	W	J	I	R	A	F	A	R	Ñ
P	C	Í	S	S	A	O	M	A	T	Ó	P	O	P	I	H	Q
O	P	Ü	W	B	B	S	Y	C	G	M	N	V	R	N	R	U
L	P	E	S	C	A	D	O	R	T	N	V	V	A	B	I	O
I	O	Y	L	Z	J	I	Á	Ñ	E	U	Z	Y	J	T	R	C
C	N	N	É	J	Í	R	D	Ü	Ü	O	V	M	E	E	P	Y
Í	Ó	U	P	E	R	I	O	D	I	S	T	A	L	H	P	O
A	E	V	A	Ñ	O	K	B	R	L	X	H	E	L	O	Ü	Ó
F	L	K	S	M	H	T	V	E	L	Q	T	D	T	U	N	L
F	A	Í	U	Q	R	U	T	S	J	S	F	N	O	R	N	Ñ
N	N	O	R	U	E	G	A	F	A	O	T	O	L	I	P	C
B	U	N	R	O	T	N	I	P	J	J	Ü	T	P	O	H	Ü

Hipopótamo	Jabalí	Jaguar	Jirafa
Koala	Lagarto	León	Turquía
Tuvalu	Vanuatu	Nigeria	Pastelero
Periodista	Pescador	Noruega	Garrapatas
Grillos	Piloto	Pintor	Policía

Puzzle 74

X	Ú	K	K	A	L	A	P	M	I	U	Í	R	X	E	R	G
L	Y	S	A	L	L	I	L	O	P	Q	H	R	Y	T	O	P
I	A	R	A	T	O	W	S	A	C	S	O	M	N	N	O	S
R	Ü	W	W	J	V	E	L	T	C	É	O	T	Y	V	F	X
D	C	F	O	P	X	A	Ú	M	A	S	T	L	K	O	Í	Ñ
N	C	S	A	R	I	J	Á	E	Q	U	O	P	L	U	P	Ü
A	Z	B	U	H	Z	A	R	U	B	J	I	F	Ñ	W	Ó	X
M	W	E	J	R	Y	T	I	Ó	X	K	U	G	A	L	L	O
K	Ñ	G	T	Ú	I	T	N	U	Í	D	W	R	K	Q	I	O
Q	Z	É	C	R	O	L	Z	Ü	Q	U	M	E	U	K	P	S
L	S	U	E	S	E	V	Ó	H	S	A	L	L	I	L	O	P
X	Ñ	É	T	A	N	I	L	L	A	G	V	K	R	Y	S	H
M	L	S	N	C	Á	S	A	L	T	A	M	O	N	T	E	S
P	O	Y	A	O	Z	E	Q	I	Y	R	Ú	Á	L	S	Í	W
É	K	Ñ	F	F	É	H	Ó	B	M	X	I	Ñ	C	S	A	T
É	R	C	E	Z	É	Ñ	S	E	Á	B	C	G	W	C	E	E
D	M	E	L	C	Q	V	W	L	C	P	A	L	E	C	A	G
V	S	G	E	C	O	C	N	E	M	A	L	F	Ó	X	C	G
V	H	K	U	T	G	K	R	N	A	S	I	A	F	A	P	B
P	H	H	B	F	W	E	P	M	M	B	A	B	U	I	N	O

Polillas	Pulpo	Saltamontes	Eritrea
Eslovaquia	Moscas	Mosquitos	Piojos
Polillas	Pólipos	Elefante	Faisan
Flamenco	Foca	Gallina	Gallo
Impala	Mandril	Babuino	Gacela

Puzzle 75

I	M	I	N	M	Ü	A	L	B	E	I	I	C	Ó	H	L	I
Y	J	M	G	Í	X	F	O	A	C	K	R	S	Q	Ñ	B	R
H	L	U	N	N	P	L	Y	W	I	L	Á	U	Ü	E	V	L
C	R	E	K	C	I	S	Ó	Y	L	N	N	P	N	L	Ñ	A
B	É	P	T	V	Ó	I	E	Ó	E	M	Y	Í	Í	U	É	N
R	Ú	X	I	I	T	N	P	O	B	N	N	A	S	P	W	D
U	H	A	A	A	B	W	D	G	C	C	O	N	E	J	O	A
B	R	I	P	A	T	U	G	O	W	R	R	R	J	A	C	K
T	C	I	U	X	P	N	R	L	R	X	E	Í	P	J	L	O
G	Ó	T	A	C	X	P	E	Ó	U	X	J	U	M	E	Ñ	R
N	S	Z	C	G	O	A	W	E	N	Ú	E	A	P	R	O	D
V	Í	A	J	C	H	E	K	U	O	Ú	S	Ü	K	D	W	B
T	T	Ü	C	D	Í	Z	I	Q	T	U	N	E	X	A	N	B
N	E	N	O	I	Z	L	G	R	A	K	O	K	F	M	N	P
B	J	Ü	N	O	G	O	R	A	G	Ü	C	H	T	O	Í	B
U	O	W	Í	R	R	L	Y	É	I	K	O	T	Á	C	P	G
R	N	D	F	I	Ü	J	É	O	R	I	Ú	Z	I	Ú	N	S
Q	T	E	L	N	I	N	E	B	G	U	E	P	A	R	D	O
F	T	A	E	Y	Ñ	Z	H	E	É	A	O	F	T	R	K	Ñ
N	Z	Í	D	Q	L	I	Ñ	A	B	L	A	L	A	O	H	D

Gato	Gorila	Guepardo	Bélgica
Belice	Tapir	Tejon	Tiburón
Benín	Bolivia	Albañil	Arqueólogo
Comadreja	Cóndor	Conejo	Delfín
Irán	Irlanda	Consejero	Puercoespín

Puzzle 76

K	E	L	R	A	N	A	A	B	X	Á	D	I	R	D	S	Á
W	M	A	R	I	Q	U	I	T	A	C	B	G	T	É	M	Z
C	H	C	G	P	B	P	F	V	Q	I	U	M	I	H	T	Í
Ó	S	S	A	L	U	L	É	B	I	L	B	P	Q	W	P	Ú
M	L	É	X	V	T	Ó	K	Ó	Y	A	L	R	Ú	J	V	L
S	A	E	I	A	T	S	I	T	E	I	D	É	E	U	V	P
A	G	D	Ó	P	O	Y	P	J	M	A	U	I	C	S	D	X
A	E	W	T	F	M	O	D	X	I	R	O	Ü	H	V	P	O
E	N	V	G	L	L	E	L	N	E	A	A	L	Q	U	J	E
Ó	E	U	Á	I	H	O	I	S	S	Ñ	M	S	C	A	H	I
N	S	Y	L	W	S	G	C	C	K	A	E	H	B	D	S	T
Ó	Ú	L	N	K	E	O	P	Ú	Z	Y	R	A	X	W	B	H
S	A	H	C	A	R	A	C	U	C	X	R	R	M	G	Z	G
S	T	T	R	P	S	J	A	H	M	A	Ñ	Ó	A	T	U	N
M	B	G	I	Y	N	X	E	K	C	A	O	S	R	G	U	G
G	N	Ó	T	A	R	L	F	S	T	Z	T	Y	K	O	I	R
K	N	V	J	L	L	C	E	S	A	P	S	I	V	A	P	C
J	Z	Q	Ü	E	P	G	N	A	B	E	J	A	S	K	Q	N
Ú	W	C	S	Ú	Ü	P	K	V	X	D	M	C	W	C	R	B
T	E	V	I	T	C	E	T	E	D	L	A	D	G	T	E	M

Puma	Rana	Ratón	Detective
Dietista	Escarabajo	Cigarras	Cucarachas
Avispas	Mariquita	Polillas	Abejas
Libélulas	Ciempiés	Milpiés	Senegal
Serbia	Seychelles	Araña	Escorpión

Puzzle 77

S	U	B	F	C	É	V	Ñ	G	T	F	I	L	L	W	O	H
E	A	I	I	O	B	V	C	O	D	O	R	N	I	Z	Q	E
R	Y	I	D	Q	L	J	C	Ñ	J	O	O	Y	E	P	H	I
B	A	A	P	Ó	A	P	Ú	A	E	B	U	T	Á	N	Y	I
E	Ó	I	W	X	Y	K	W	J	J	O	S	N	A	G	N	N
I	Y	D	S	K	E	O	I	D	G	N	A	P	Í	M	J	X
L	G	N	D	O	X	P	A	V	O	E	C	B	Ñ	O	D	A
Ñ	Z	A	C	C	U	L	L	W	M	R	I	U	M	A	U	R
X	T	L	N	Á	D	U	S	T	I	G	R	L	Z	S	V	G
I	Í	I	Í	Á	V	P	F	D	J	I	F	M	I	A	O	E
G	C	Z	P	W	G	Z	N	U	L	Í	Á	S	W	T	T	N
A	V	A	X	A	Ñ	U	A	Ñ	A	Q	D	Ú	T	C	S	T
S	X	U	N	S	R	T	B	É	N	D	U	I	Z	A	B	I
N	O	S	O	U	S	W	G	Í	G	T	S	A	Y	M	H	N
A	S	F	B	O	G	Ú	Ñ	T	O	N	G	J	L	A	W	A
N	S	K	G	M	B	U	N	R	S	W	D	A	Q	R	T	X
G	I	N	O	G	T	J	O	U	T	V	Ú	H	E	Ó	A	S
O	A	X	Á	N	N	Ó	L	L	I	J	E	M	Á	N	J	E
L	R	A	M	A	L	A	C	A	N	G	R	E	J	O	W	L
A	I	W	G	J	Q	T	Y	R	O	C	Y	W	B	E	M	T

Suazilandia
Langosta
Calamar
Bután
Codorniz
Sudáfrica
Camarón
Mejillón
Angola
Ganso
Sudán
Pulpo
Liebres
Reno
Pavo
Cangrejo
Langostino
Burundi
Toro
Argentina

Puzzle 78

E J H U C Y I Z Y F R U T E R O Y
O C Ó N D O R G T R L Q G Q Í X P
O O E V F T M J I N F F S B C Í M
N F N A O C X O Ñ Í F L E M H R C
A I N O T E L V R D D O W E I E N
B É G N Ó R Y S O A O R K J N S Ó
Í Z X O G R V K T Á S I Z C A Ü R
L N F R R D H V S B I S Í O Ó A A
Z I É E A M K N E G É T J L S Y M
U E S J F N I O G O H A O O K S A
R T Y N O H B R R G U J F M J Z C
T S L A O A M U É Y E L D B A X I
S N I R R W M A Ó R N P A I B B W
E E B G E W L Í G C H Z I A A D Y
V T I C D D O N C H I P R E L A N
A H A H A X A S Ñ Z T K E U Í H V
Ñ C T É N C F U K S K H B R W K Y
A E O X A K R X L I P O I L T J K
C I Z V G M D E A I T Ú L P V Ú J
É L Ñ I A Ú Ú G S Ó B J Ü L H C M

Florista	Fotógrafo	Frutero	Ganadero
Gestor	Granjero	China	Chipre
Colombia	Comoras	Jabalí	Letonia
Líbano	Liberia	Avestruz	Cóndor
Libia	Liechtenstein	Cangrejo	Camarón

Puzzle 79

C	K	Ü	H	K	N	C	A	I	S	A	H	I	D	X	W	A
C	M	Q	E	R	Á	Q	L	Ñ	N	S	R	Q	C	E	U	O
E	W	H	Q	Z	T	G	L	E	É	H	G	Ó	L	K	Q	B
T	S	B	Y	G	S	N	I	I	M	L	S	J	U	C	G	H
H	A	I	M	B	I	H	P	C	A	R	A	C	O	L	E	S
V	R	I	X	C	N	M	H	K	R	M	L	M	U	S	E	A
Z	B	B	W	N	E	Á	E	C	I	Q	L	B	O	A	H	J
E	E	K	P	I	M	S	O	H	P	N	I	G	Ó	S	K	E
N	L	X	C	S	K	A	R	I	O	M	N	Y	O	T	C	B
Ú	U	Z	T	R	R	J	E	N	S	F	I	F	F	N	D	A
T	C	E	F	G	U	E	R	C	A	H	H	A	E	I	W	I
V	R	Z	Ó	P	T	B	R	H	J	Á	C	G	S	Í	N	Y
P	Z	R	F	Ñ	W	A	E	E	A	Ú	O	N	L	H	Z	S
C	P	X	Ü	K	V	Z	H	S	V	V	C	O	A	A	Á	R
W	S	H	D	M	O	H	E	Í	I	R	U	T	S	B	S	A
I	R	O	D	A	I	R	O	T	S	I	H	A	W	F	H	Ñ
K	I	B	J	M	J	H	G	Q	P	C	Á	S	L	D	C	A
W	P	V	L	Q	Ó	J	I	L	A	R	A	Ñ	A	S	K	P
I	W	Ü	P	P	G	É	S	P	S	F	R	R	L	X	V	S
I	N	F	O	R	M	Á	T	I	C	O	T	M	Y	E	E	E

España	Abejas	Arañas	Avispas
Caracoles	Chinches	Ciempiés	Cochinillas
Herrero	Historiador	Informático	Culebras
Tonga	Abeja	Mosca	Mariposa
Túnez	Turkmenistán	Hámster	Hiena

Puzzle 80

Z	Z	L	U	L	D	O	C	A	I	S	A	L	A	M	T	H
F	É	Ú	A	M	G	Ü	K	E	R	I	Z	O	I	X	A	O
Q	U	U	P	M	G	A	W	I	Z	B	Ü	L	B	F	V	E
J	B	Ü	R	U	B	P	L	G	V	U	O	Ü	F	N	Í	W
S	F	V	Á	P	M	E	G	L	O	Ü	O	C	U	Ó	B	É
R	I	Z	I	T	S	X	T	U	O	O	I	P	Z	R	O	W
A	L	A	U	C	U	H	C	A	Ü	L	R	Y	L	U	R	H
C	I	I	U	A	L	A	M	U	S	K	S	L	G	B	A	U
S	G	A	L	L	I	N	A	A	Ñ	Q	A	A	I	I	J	X
A	I	N	E	V	O	L	S	E	T	C	V	G	I	T	Y	V
G	G	Q	Ó	N	I	A	S	U	H	N	I	A	D	I	K	A
A	Ñ	X	J	E	Y	A	J	V	O	Í	D	R	G	G	X	H
D	M	D	Y	K	L	É	C	I	L	Ñ	L	T	Ñ	U	L	S
A	P	H	U	O	F	A	Ñ	O	T	J	A	O	Z	A	G	T
M	R	J	Ü	G	Z	É	M	P	F	R	M	L	S	N	Y	K
K	G	B	X	X	Z	I	Z	A	J	L	A	P	P	A	O	G
L	Q	H	E	S	É	Ú	S	N	C	Z	Á	G	Í	E	C	N
F	D	G	G	C	Q	S	I	L	O	N	A	M	A	O	E	O
H	E	Ñ	Ó	Í	R	M	I	D	C	T	K	Á	D	L	F	X
W	Z	S	R	P	Ó	W	B	R	C	C	A	I	M	Á	N	S

Iguana	Anolis	Lagartija	Chucuala
Cobra	Caimán	Lagarto	Camaleón
Víbora	Eslovenia	Cebra	Madagascar
Malasia	Tiburón	Erizo	Foca
Malaui	Maldivas	Gallina	Gallo

SOLUTIONS

61

A U O A Z T R Q C É I X R O L A C

O C S G D J Ú W J J Í C E A Z Y U

Y D N R P Y M C T F É P A Q É E P

P Q G O O R A H C Í H C S F V L O

Z V O A R R Ó U G Ú C G B K H B S

Y N R L O H Z C C A Z H Á O V T M

Q Ó R I T P L Á Í L L B G V M T Í

E I I M O L T S L V J L U S F I K

K C Ó E S K Ñ G D O L E I H J C A

Z A N N H E W U O E C J L N S I H

J N M T G B N T I R F X A Y A F A

U I D A S O A G U A G L S N L É Z

D M E C V F P C Ü N Q A A A A D Ú

Í O A I E A Ñ Á L P K C V C P Ñ L

A N Q Ó X W Z C J G H X F F T A O

S E P N W S E T N A S I U G X O P

E D E H M X N H Y G R B Q G X V R

O V R E U C S O É Z G O A Ü L X Ü

Z W C B O Y T K E Ñ D D I X G Ñ Í

V É R X Ó E F Ñ F H W Y J J Í L P

62

W X N U N Y U C C M Z U X A X N Ñ

Y N O V Z J P P A N Y A Z X Í É R

G A Ú M S O Q F U V H P Ü C J L U

H J Z O P C Í J S X P D Ü L E B P

A E G P N K C D A J A Ñ A T N O M

I F F M C U G S Í T C O T I X E Á

C E N E R G Í A X P I E L V V L E

N V D I C E F R A C A S O A Z Q J

E M F T R T S N C H E R U U Í N H

U B Ü P A S O U Y E S T Í U O H H

C O Q W Á K O V L Ü R B N R Ó Ñ K

E Z B R T Í P T R T Ñ R G O Ü N W

S I E I D O E R A S A O O Ú M Ó K

N X N O M R R R M U L D X P J I U

O H E L J C J O N A É C O Z B C Q

C L F X Í R U Y Q H C A X V M U Á

V V I Q Y D I Z W K Ú T T Z U L J

É P C S H A C A L E N D A R I O Q

I X I A R D I R G Q Y Y A C W S L

X Ú O W E E O W R K I N B B H J Q

63

Y W Y F S E T R A M E Z F V E S Z

B K X I D N C Í I I Y L Y K O M T

C V O C K E D V Z B G O L R X O M

L S Ó R A O D Q W R P C Á V A Í É

T N O U I P O R A N U A R Í R E M

I V O D G G A B A E T R E Í A J I

E E E T W G A C S T Ü A C Ú N L É

A M Á D A D I C I R T C E L E S R

H U W F O S U V N D P P H Y V E C

J M Á Q E L N O W E A É C B P J O

S O P N T T C X J F G D O Ñ W U L

S O U U Á Q V Ó R E U O N C F E E

U L R L C H L I B Á H Z A E W V S

O A Y D I A T S I V E R O D R E M

Ü O P T A M A R U T P A C F V S Ñ

N Ñ R N Y U P Y J L Y N V J G I H

O I B X H W C V Ü A N A Ñ A M N E

C E O N Ó I C A T I C A P A C S T

H W P B K R L X J S O R B I L Á T

E O I W Ó V R E C E N A M A U T Q

64

J C Í Ú Y R Z Ñ Á Ú Z K G O H C P

U H L Z Ñ Y X G I Á O L M Á O K A

N L Ó D V U O R X U Ú A C C D S R

G O Ú X Ó F E Á K D D E J O Y O A

Ó S X Ü T Í J R J E A N V U E S G

G A F Ú Ú N D G D L Q A X A G Ú U

L R E Y X Ó X R T N W S Z P L A A

A A D G N D E G C L M L V G D L S

R P R Y W R D H V C Ü O D O L D F

L A G M Ü O R R A B L B O E R W I

Á X B S A C S I W L I R A S Ñ I G

A J W C A T B L I J A S Z B A B R

P O D O G L S S O C D B Ú A R S Y

A V H X Ó Ú L J N B B S Ü R E E B

R W I V P O I A V D I H C A V Y Z

A T L N B Ú R N T Q R O L M X X S

T J O Y Q T B B X N R W V Á B X U

O M O P S C U E R D A Q L C Z J X

H U D C O O L Y E I Z P A I A Ó N

W Ú Í Ó O V A L C P M Y H U Ú O L

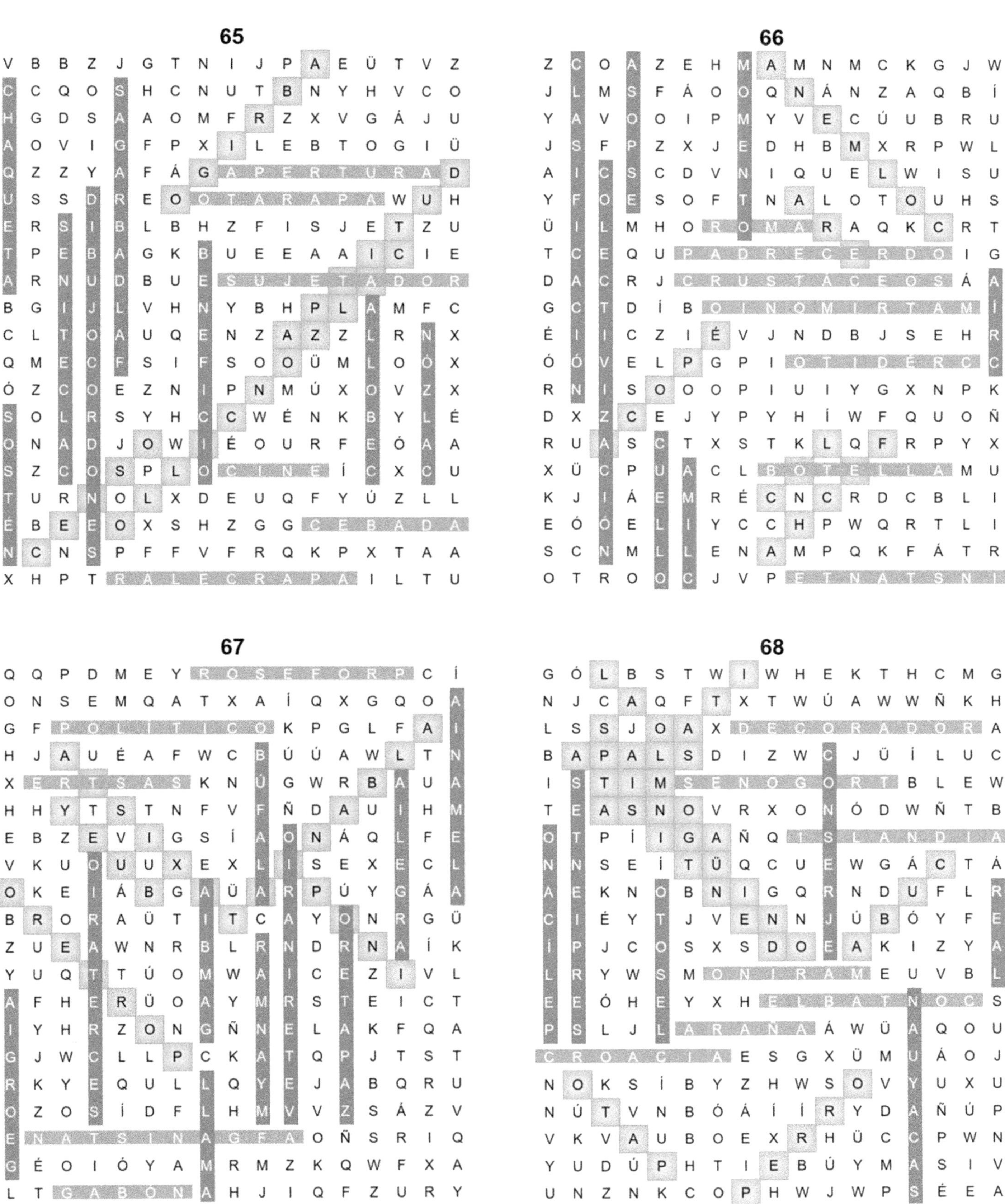
65
66
67
68

69

T B Á B S Y K Q Q B H F D V F L R
A P O M O N G O L I A C K T I F H
N C O R E I N E G N I W Ü T C I N
Z Z Ü O Ñ E M Q M J Ü P U K S F C
A Z C F C F O C Í U O A B T G M J
N O A E Ü É N P P N N V O B K M P
I O R B N I T R U I O R E R R E H
A G A X B Á E T A Y I K I S T Á N
A A C I G H N Ó H A N F E C L L D
W L O G O T E U D A Ú W V F L C Z
K É L U I Í G O C L A R I N E R O
P I B N U O R E Y O J F K V A C S
Í C P F M P O D X E T V L Ú R K E
I R I N F O R M Á T I C O K P Q L
O U Ñ D Q E X P U O R O A O N M A
S M S O R E N I D R A J J G E W R
C Z M A I D N A L I A T O R C J O
Y Í E U Q I B M A Z O M E Q W I C
L N C O G R U B M E X U L Z R Y H
H H Í O I R A N A C K M B E F X Q

70

Ñ E W B Z A X Z G A H V F Á X Á V
E I K N Y A M Q É Z Á Ó L L U I M
Z P K Y Q P Ñ Y P A G Y A S O É O
A O L N O M R Í A I Í B R R K R I
U I W A A Z A B M A M G V Q R S O
C L N X M A R I Q U I T A Ó B Ó J
E O I O N B L E A J X D S É U A F
H B Ó A T H N A M I B I A Ü R M A
C O F K I S Ñ V T H N Ú G D R R G
H H C P E S E P Q G S Á I C D W A
Z O O D Ó K E Q E L S N U N J R C
G K R T I J S N P Q E C A H O Ü É
Ñ C A M U T I Á O R A M P F Y A Y
Z E L Q I E G U O R A M X L E Í M
O G E Ú R G D Í A L C B M Á R P A
C Ñ S O É G A C A S B I A W O O N
I E Ú H Ü D H S P J Y S M V Q I A
X Z P C J A G U S W U P A R A T T
É U V Y S Á Z Z T I V P L Z B E Í
M Í R Ú A Ü T R Y B Z Z L Ú E X U

71

E C P Z Ñ O D M U M O N A C O Z Ú
F P H U P E S C R I T O R W B E Y
O U X A T U K É A O Á I D Ü O O P
X B S T U Í Z N B R D U N Y C H G
U L D S E H J D I E A E A A I X G
Ú I Ñ I C L V C E J N S M G T N O
Á C Ü N M Í T N L O A T A J Ú S O
N I Z O N D G Ú O L C I L M E M N
C S F I Ó É V R R E E L A U C F W
L T O C T A V E R R T I S Ó A J T
E A C P I I V M U P N S L D M E F
H V I E R V E A S O O T K T R Y D
K Ñ S C T A T C I M R A D N A N D
X B Í E Í D N K A G E T C S F N O
K Q F R S L E G B Ü C Y F C J R C
Q D U Q R O I C W G O J K I Y S I
V U G J E M P Ó G R N D X N J Y M
H W T T N P R É Y É I T S E G É Í
I O D G O F E M K O R C A S A V U
K E F C Ó I S J X J S G V M J M Q

72

C A D F L Q Ú C H Y W M N E J M Q
K A I H E F M X I Q S A P O P M B
E C U A D O R É S L I B É L U L A
C A L E U Z E N E V A A I F Ü W L
B X O A Ü Y A T N A M M J E K Í Y
Ü R C R A L É G A M S B A C T L D
F O A D N O Y C A O K R A J K C Z
X T B N R I Á L C V O S P O W L M
N P B A A K T E L T T G E F R I Y
N I Ó M D A U O Á O N D R D O Y F
N G S A S R E G R D W N T C D U W
C E N L R F I Z J R H T L T A V K
U Y A A W L I B E X I V X T V I N
Y I M S A Y A R R A T N A M L E G
F D É T O L I R B I L O C R A T Ü
F F L U A P O L A Ó O H M O S N Á
X R K C E J I F Q Í F P Y Ñ S A N
Y S B Á T O I R L R Á K F É P M Ñ
I G B N P Ñ V P A K N B M G H U U
W Y D S N V S H K M Ü J O D K N M

73

R A U G A J N Ü A N M F Ñ U O T S
S Z P L X U K L H G Ñ P A T R O Z
A J G A R R A P A T A S R A F Á J
Z R F Y H O Q D V Z Z A R U Á Q T
W Ü D I K Z G O B F G L K N Z T M
M M T R W K R K E A G K J A F É V
K M U P Y F I G L R T Ü K V O P Í
U X E I Ñ Í L A I R E G I N Ú E Ó
V L N Í G L L H W J I R A F A R Ñ
P C Í S S A O M A T O P O P I H Q
O P Ü W B B S Y C G M N V R N R U
L P E S C A D O R T N V V A B I O
I O Y L Z J I Á Ñ E U Z Y J T R C
C N N É J Í R D Ü Ü O V M E E P Y
Í Ó U P E R I O D I S T A L H P O
A E V A Ñ O K B R L X H E L O Ü Ó
F L K S M H T V E L Q T D T U N L
F A I U Q R U T S J S F N O R N Ñ
N N O R U E G A F A O T O L I P C
B U N R O T N I P J J Ü T P O H Ü

74

X Ú K K A L A P M I U Í R X E R G
L Y S A L L I L O P Q H R Y T O P
I A R A T O W S A C S O M N N O S
R Ü W W J V E L T C É O T Y V F X
D C F O P X A Ú M A S T L K O Í Ñ
N C S A R I J Á E Q U O P L U P Ü
A Z B U H Z A R U B J I F Ñ W Ó X
M W E J R Y T I Ó X K U G A L L O
K Ñ G T Ú I T N U Í D W R K Q I O
Q Z É C R O L Z Ü Q U M E U K P S
L S U E S E V Ó H S A L L I L O P
X Ñ É T A N I L L A G V K R Y S H
M L S N C Á S A L T A M O N T E S
P O Y A O Z E Q I Y R Ú Á L S Í W
É K Ñ F F É H Ó B M X I Ñ C S A T
É R C E Z É Ñ S E Á B C G W C E E
D M E L C Q V W L C P A L E C A G
V S G E C O C N E M A L F Ó X C G
V H K U T G K R N A S I A F A P B
P H H B F W E P M M B A B U I N O

75

I M I N M Ü A L B E I Í C Ó H L I
Y J M G Í X F O A C K R S Q Ñ B R
H L U N N P L Y W I L Á U Ü E V L
C R E K C I S Ó Y L N N P N L Ñ A
B É P T V Ó I E Ó E M Y Í Í U É N
R Ú X I I T N P O B N N A S P W D
U H A A A B W D G C C O N E J O A
B R I P A T U G O W R R R J A C K
T C I U X P N R L R X E Í P J L O
G Ó T A C X P E Ó U X J U M E Ñ R
N S Z C G O A W E N Ú E A P R O D
V Í A J C H E K U O Ú S Ü K D W B
T T Ü C D Í Z I Q T U N E X A N B
N E N O I Z L G R A K O K F M N P
B J Ü N O G O R A G Ü C H T O Í B
U O W Í R R L Y É I K O T Á C P G
R N D F I Ü J É O R I Ú Z I Ú N S
Q T E L N I N E B G U E P A R D O
F T A E Y Ñ Z H E É A O F T R K Ñ
N Z Í D Q L I Ñ A B L A L A O H D

76

K E L R A N A A B X Á D I R D S Á
W M A R I Q U I T A C B G T É M Z
C H C G P B P F V Q I U M I H T Í
Ó S S A L U L É B I L B P Q W P Ú
M L É X V T Ó K Ó Y A L R Ú J V L
S A E I A T S I T E I D É E U V P
A G D Ó P O Y P J M Á U I C S D X
A E W T F M O D X I R O Ü H V P O
E N V G L L E L N E A A L Q U J E
Ó E U Á I H O I S S Ñ M S C A H I
N S Y L W S G C C K A E H B D S T
Ó Ú L N K E O P Ú Z Y R A X W B H
S A H C A R A C U C X R R M G Z G
S T T R P S J A H M A Ñ Ó A T U N
M B G I Y N X E K C A O S R G U G
G N Ó T A R L F S T Z T Y K O I R
K N V J L L C E S A P S I V A P C
J Z Q Ü E P G N A B E J A S K Q N
Ú W C S Ú Ü P K V X D M C W C R B
T E V I T C E T E D L A D G T E M

77

S U B F C É V Ñ G T F I L L W O H
E A I I O B V C O D O R N Í Z Q E
R Y I D Q L J C Ñ J O O Y E P H I
B A A P Ó A P Ú A E B U T Á N Y I
E Ó I W X Y K W J J O S N A G N N
I Y D S K E O I D G N A P Í M J X
L G N D O X P A V O E C B Ñ O D A
Ñ Z A C C U L L W M R I U M A U R
X T L N Á D U S T I G R L Z S V G
I Í I Í Á V P F D J I F M I A O E
G C Z P W G Z N U L Í Á S W T T N
A V A X A Ñ U A Ñ A Q D Ú T C S T
S X U N S R T B É N D U I Z A B I
N O S O U S W G Í G T S A Y M H N
A S F B O G Ú Ñ T O N G J L A W A
N S K G M B U N R S W D A Q R T X
G I N O G T J O U T V Ú H E Ó A S
O A X Á N N Ó L L I J E M Á N J E
L R A M A L A C A N G R E J O W L
A I W G J Q T Y R O C Y W B E M T

78

E J H U C Y I Z Y F R U T E R O Y
O C Ó N D O R G T R L Q G Q Í X P
O O E V F T M J I N F F S B C Í M
N F N A O C X O Ñ Í F L E M H R C
A I N O T E L V R D D O W E I E N
B É G N Ó R Y S O A O R K J N S Ó
Í Z X O G R V K T Á S I Z C A Ü R
L N F R R D H V S B I S Í O Ó A A
Z I É E A M K N E G É T J L S Y M
U E S J F N I O G O H A O O K S A
R T Y N O H B R R G U J F M J Z C
T S L A O A M U É Y E L D B A X I
S N I R R W M A Ó R N P A I B B W
E E B G E W L Í G C H Z I A A D Y
V T I C D D O N C H I P R E L A N
A H A H A X A S Ñ Z T K E U Í H V
Ñ C T É N C F U K S K H B R W K Y
A E O X A K R X L I P O I L T J K
C I Z V G M D E A I T Ú L P V Ú J
É L Ñ I A Ú Ú G S Ó B J Ü L H C M

79

C K Ü H K N C A I S A H I D X W A
C M Q E R Á Q L Ñ N S R Q C E U O
E W H Q Z T G L E É H G Ó L K Q B
T S B Y G S N I I M L S J U C G H
H A I M B I H P C A R A C O L E S
V R I X C N M H K R M L M U S E A
Z B B W N E Á E C I Q L B O A H J
E E K P I M S O H P N I G Ó S K E
N L X C S K A R I O M N Y O T C B
Ú U Z T R R J E N S F I F F N D A
T C E F G U E R C A H H A E I W I
V R Z Ó P T B R H J Á C G S Í N Y
P Z R F Ñ W A E E A Ú O N L H Z S
C P X Ü K V Z H S V V C O A A Á R
W S H D M O H E Í I R U T S B S A
I R O D A I R O T S I H A W F H Ñ
K I B J M J H G Q P C Á S L D C A
W P V L Q Ó J I L A R A Ñ A S K P
I W Ü P P G É S P S F R R L X V S
I N F O R M Á T I C O T M Y E E E

80

Z Z L U L D O C A I S A L A M T H
F É Ú A M G Ü K E R I Z O I X A O
Q U U P M G A W I Z B Ü L B F V E
J B Ü R U B P L G V U O Ü F N Í W
S F V Á P M E G L O Ü O C U Ó B É
R I Z I T S X T U O O I P Z R O W
A L A U C U H C A Ü L R Y L U R H
C I I U A L A M U S K S L G B A U
S G A L L I N A A Ñ Q A A I I J X
A I N E V O L S E T C V G I T Y V
G G Q Ó N I A S U H N I A D I K A
A Ñ X J E Y A J V O Í D R G G X H
D M D Y K L É C I L Ñ L T Ñ U L S
A P H U O F A Ñ O T J A O Z A G T
M R J Ü G Z É M P F R M L S N Y K
K G B X X Z I Z A J L A P P A O G
L Q H E S É Ú S N C Z Á G Í E C N
F D G G C Q S I L O N A M A O E O
H E Ñ Ó Í R M I D C T K Á D L F X
W Z S R P Ó W B R C C A I M Á N S

Puzzle 81

Ü	N	Á	Y	I	A	B	R	E	Z	A	S	R	Z	N	G	W
O	R	R	E	P	Á	P	Y	R	B	A	A	A	I	Z	P	X
O	S	M	H	K	E	N	G	L	Ó	U	I	A	D	H	K	X
L	N	U	Ú	Z	É	D	M	R	S	J	R	C	R	Y	I	I
M	A	N	I	R	U	S	A	T	Í	D	F	G	E	D	Ú	Í
W	L	U	C	Z	J	R	R	M	W	L	M	L	P	U	B	X
Y	M	B	F	H	A	A	U	S	T	R	I	A	A	Á	S	V
Ú	V	N	X	A	L	M	E	J	A	J	R	X	Y	M	H	A
G	U	P	Ú	I	Y	E	R	D	U	Q	O	Ó	O	J	Y	R
A	N	P	A	L	E	S	T	I	N	A	R	R	B	Y	I	T
T	Ú	W	C	A	Z	A	D	O	R	X	H	O	M	W	T	S
O	Á	L	E	O	W	I	Z	I	V	L	Ñ	Í	A	N	Í	O
O	K	X	O	M	D	N	P	E	S	L	R	W	C	Y	S	K
X	U	O	Á	C	Ü	E	B	A	B	O	S	A	L	Q	B	R
R	Á	S	Ñ	Z	A	M	É	W	T	P	Q	M	P	K	T	G
G	F	R	A	C	A	R	T	E	R	O	A	W	G	A	O	P
G	J	N	Ü	A	B	A	A	V	E	R	D	E	W	Y	L	Y
L	Ó	F	C	A	B	O	T	C	F	V	Z	O	W	H	J	Á
Y	G	B	I	Ü	B	G	V	Ñ	J	Ú	F	M	Y	Ü	Z	X
H	G	G	O	R	W	M	G	F	O	A	T	H	Ñ	D	Y	Z

Almeja	Caracol	Babosa	Lapa
Ostra	Suecia	Suiza	Surinam
Cabo	Verde	Camboya	Cartero
Cazador	Armenia	Australia	Perdiz
Gato	Perro	Austria	Azerbaiyán

Puzzle 82

Ñ	P	Y	U	K	A	R	N	U	R	H	K	F	W	D	H	Ñ
S	S	Ó	U	U	B	B	U	N	K	K	P	V	J	X	O	R
J	Í	K	P	Ú	A	F	G	V	Q	C	A	N	I	G	D	S
A	S	R	É	H	N	H	J	P	B	C	O	N	G	O	R	A
H	R	I	Ñ	M	G	I	I	D	A	Í	M	G	B	U	E	Ñ
Á	P	N	O	P	L	C	É	R	É	L	D	Í	O	B	C	U
O	W	O	I	F	A	A	G	R	L	O	O	P	D	F	M	C
O	D	C	N	E	D	L	J	Z	A	A	C	M	R	T	O	I
A	Q	E	V	V	É	A	E	E	O	B	N	J	A	T	S	V
W	T	R	J	P	S	M	F	S	M	R	E	G	P	Q	F	C
S	W	O	A	M	T	A	N	H	T	L	R	B	O	N	L	O
O	S	N	K	M	E	R	N	X	X	I	A	O	E	S	V	L
D	Ú	T	K	W	E	J	O	K	U	T	N	É	L	Z	T	L
A	S	E	Ü	G	Q	D	I	U	M	J	O	A	B	J	K	A
B	A	R	B	E	C	Q	U	L	Y	G	P	J	Y	U	J	B
R	X	I	N	N	X	S	H	S	L	K	W	U	C	X	I	A
A	R	U	N	A	F	P	O	Q	A	Ó	A	Z	L	S	V	C
B	T	B	Ñ	D	M	Q	N	C	A	S	N	L	H	P	V	G
A	Ó	L	L	H	C	Ñ	F	Ü	O	L	L	I	R	R	O	Z
C	U	L	N	D	R	U	H	I	Ú	X	F	I	O	X	H	V

Palestina	Vicuñas	Zorrillo	Zorro
Bangladés	Barbados	Baréin	Cebra
Rinoceronte	Leopardo	Caballo	Cerdo
Congo	Langosta	Medusa	Calamar
Pulpo	Almeja	Mejillón	Paloma

Puzzle 83

P	S	R	I	S	K	H	D	E	R	Z	D	Ó	Z	X	N	I
G	J	E	U	J	K	Ñ	U	L	W	Ó	J	U	Z	S	F	Ú
A	Q	G	Ñ	Ü	H	P	W	I	W	U	É	Z	T	R	C	F
P	C	Í	S	E	C	I	R	B	M	O	L	O	T	O	Q	C
M	A	N	X	O	L	T	W	É	K	Ú	O	L	L	Z	Q	H
E	T	N	O	S	I	B	H	L	C	E	A	A	T	X	É	I
E	C	A	A	Á	D	H	O	U	E	N	F	Ñ	H	K	Z	L
Á	H	P	B	D	Á	A	H	L	K	Ú	Ü	N	N	H	U	E
V	E	N	N	D	E	R	F	A	B	Z	R	N	Í	F	I	M
T	Q	C	T	U	A	R	S	S	Á	Ñ	Á	K	T	G	Z	O
H	U	I	Y	H	O	H	O	I	Z	É	I	F	É	G	O	H
E	I	V	E	C	L	U	C	I	É	R	N	A	G	A	S	M
R	A	M	A	A	A	G	E	A	P	A	X	V	W	O	Ú	X
R	Z	T	R	A	I	I	B	Ú	H	O	S	K	L	É	U	W
E	A	Q	E	J	I	R	K	D	E	R	T	I	U	B	Ü	Z
R	J	D	O	J	O	L	I	R	D	O	C	O	C	A	N	D
O	D	Q	I	V	Z	B	A	S	W	D	Y	W	S	R	V	Ú
Q	J	L	K	N	X	V	W	M	J	A	L	L	S	J	T	V
I	Y	V	K	G	U	S	A	N	O	S	Í	K	Ñ	X	Ú	A
O	D	T	C	V	K	Ú	É	G	D	S	X	L	S	A	C	B

Siria	Somalia	Sri	Lanka
Catar	Bisonte	Búfalo	Búhos
Buitre	Chad	Chequia	Chile
Panadero	Níger	Gusanos	Libélulas
Cocodrilo	Lombrices	Luciérnagas	Herrero

Puzzle 84

Z	R	M	W	M	J	P	U	F	Ú	R	U	D	E	H	S	G
L	Z	K	A	W	P	U	A	O	Ó	O	Y	Z	H	N	M	S
O	S	T	R	A	D	L	C	Í	Ñ	D	M	Ü	A	Á	J	H
N	Y	Z	Ú	Z	V	G	X	N	L	A	O	Z	Z	C	E	Z
N	I	Q	L	Y	C	A	Í	U	H	I	S	Í	G	U	H	A
Í	F	N	N	W	V	S	R	U	O	R	Q	I	C	T	I	O
P	U	D	F	P	Ü	U	N	F	D	O	U	D	Á	U	K	O
O	A	T	U	O	A	G	Y	I	É	T	I	P	P	Í	H	Q
T	U	L	K	N	R	Ó	Ó	A	V	S	T	É	K	A	P	M
O	V	N	A	Í	J	M	E	X	Ñ	I	O	Í	K	J	D	S
R	J	Á	A	O	Ó	E	Á	É	C	H	M	V	Z	S	L	A
O	U	T	Ú	W	S	A	L	T	A	M	O	N	T	E	S	R
L	C	S	A	M	A	H	A	B	I	E	W	X	I	H	B	U
Z	C	I	J	Y	P	A	S	J	R	C	B	T	G	Ó	O	D
R	D	K	T	M	T	H	A	L	G	M	O	F	R	Ó	P	N
S	Q	A	X	P	D	Z	T	H	K	A	Q	F	E	P	O	O
P	N	P	B	Q	Ó	Í	A	A	G	I	C	B	Z	U	T	H
H	A	U	G	A	R	A	C	I	N	S	Í	J	Z	X	I	M
L	A	P	E	N	E	Z	F	T	R	P	K	Í	W	B	M	S
V	F	K	N	P	G	I	P	Í	M	É	P	L	G	É	K	É

Mosquito	Ostra	Pulgas	Saltamontes
Nauru	Nepal	Nicaragua	Óptico
Historiador	Informático	Pakistán	Palaos
Haití	Honduras	Hungría	Bahamas
Tigre	Topo	Toro	Tucán

Puzzle 85

Z	A	Ñ	E	J	G	Á	B	A	Q	Ó	U	H	G	Y	W	Q
C	K	Ú	C	B	R	A	S	I	L	L	Ó	C	X	C	P	V
C	O	J	V	V	G	S	I	E	P	N	L	Z	V	A	Z	I
C	A	B	A	L	L	O	P	U	P	A	O	A	M	M	O	É
G	P	P	A	F	J	U	E	W	N	O	I	R	H	A	J	V
Q	W	C	Q	Y	L	E	U	G	W	R	L	C	P	L	D	T
G	R	A	U	G	A	J	O	E	A	U	A	Í	G	E	I	P
Ú	D	S	Z	S	F	S	R	G	X	B	A	U	T	Ó	A	J
Í	G	W	M	C	T	E	L	P	R	R	E	U	A	N	L	M
N	H	H	D	A	P	U	H	A	O	P	X	L	D	V	A	I
S	A	I	H	Ñ	B	A	A	T	A	P	E	A	D	G	G	X
X	Á	P	V	X	V	N	C	R	A	O	H	C	F	S	K	A
É	L	O	F	G	A	A	D	N	P	I	O	Q	Q	L	J	H
I	R	P	F	U	C	O	T	A	E	D	Z	J	Í	Q	A	G
H	J	Ó	S	E	H	E	R	N	A	Q	V	N	D	H	Y	T
Q	X	T	Ú	P	R	D	U	G	B	Ó	E	S	J	H	D	I
U	O	A	R	A	O	R	O	D	Ó	T	C	W	Q	Ñ	B	G
B	T	M	O	R	B	B	É	R	Ü	Ü	W	Y	R	F	Ó	R
U	R	O	B	D	A	X	I	W	A	Z	I	F	P	L	Á	E
Z	V	Ú	Q	O	U	F	L	W	N	P	Ú	F	K	Y	R	Ñ

Guepardo	Abogado	Hipopótamo	Antílopes
Botsuana	Brasil	Actor	Brunei
Bulgaria	Cobayas	Panda	Langosta
Caballo	Cabra	Camaleón	Tigre
Pantera	Guepardo	Leopardo	Jaguar

Puzzle 86

A	B	B	U	U	P	L	M	J	R	S	H	V	D	Z	F	M
G	D	Q	É	L	B	O	B	M	O	S	C	A	R	E	É	C
Q	A	Ú	U	R	D	L	L	R	T	Á	M	Z	U	T	U	H
P	G	Z	I	B	Z	L	B	Q	S	U	I	Ñ	Z	O	H	H
H	Ú	F	T	C	B	E	M	Í	A	G	B	K	B	L	M	O
S	K	X	N	Q	É	M	E	N	C	A	Q	C	E	E	I	M
B	M	B	W	Y	D	A	J	Á	S	N	S	Ó	K	C	I	N
Q	O	Z	L	O	V	C	I	Y	L	D	Í	Í	I	O	I	R
J	J	N	Ú	D	Z	P	L	A	R	A	H	R	S	K	C	Ú
Y	W	J	O	D	J	Z	L	G	L	S	U	É	T	B	Ñ	U
D	Y	C	M	M	N	J	Ó	R	A	A	I	R	Á	Z	R	D
T	U	C	A	E	Y	A	N	A	M	P	O	R	N	U	B	U
D	P	T	U	N	M	H	Ñ	M	L	O	Ú	É	G	A	X	Y
Y	U	T	R	A	A	C	O	I	F	W	E	U	K	K	U	Z
D	M	M	I	I	P	R	M	D	E	G	A	I	R	T	U	N
Ú	A	S	T	N	A	N	I	A	I	Y	F	L	U	W	V	H
B	Q	E	A	A	C	L	X	O	Ü	N	F	Ü	H	Z	Q	N
H	V	H	N	R	H	O	G	A	L	É	I	C	R	U	M	A
B	J	H	I	C	E	É	Í	X	Y	V	K	H	K	T	Ú	Í
O	M	F	A	U	X	U	N	É	F	I	P	C	K	W	Y	E

Puma	Camello	Canario	Margay
Ocelote	Castor	Ucrania	Uganda
Uruguay	Uzbekistán	Mauricio	Mauritania
Mapache	Mono	Murciélago	Nutria
Ñandú	Mejillón	Milpiés	Mosca

Puzzle 87

O	P	A	T	A	P	A	R	R	A	G	T	U	I	Q	D	E
D	Z	P	Á	R	F	P	P	G	H	T	P	P	Í	P	Ü	Y
I	W	B	F	I	R	A	K	E	V	S	V	E	R	J	K	A
K	N	N	I	H	Á	W	P	L	R	Ó	F	R	Ñ	N	K	U
E	V	D	D	A	Í	K	K	W	C	I	G	Ú	H	L	D	G
H	U	F	I	Z	R	W	U	A	C	K	Q	Ü	V	L	X	A
O	D	N	R	A	Z	B	R	J	R	I	V	U	U	Q	S	R
G	É	X	G	Q	F	N	A	B	Ú	G	I	Í	I	W	N	A
F	K	Ñ	T	I	I	D	T	C	P	F	I	V	A	T	F	P
M	S	X	V	C	A	B	P	F	D	O	Z	U	I	Ó	O	Ú
N	A	Q	E	O	V	R	E	I	C	Y	L	Y	S	S	Y	S
V	V	R	U	V	M	Í	É	H	B	F	T	O	E	I	S	J
L	O	Á	M	A	N	A	P	R	U	P	A	G	N	I	S	C
A	G	U	A	C	A	M	A	Y	O	S	D	W	O	I	U	O
G	N	L	B	Y	Í	V	Z	Ú	O	P	Ú	É	D	Y	A	Ú
U	X	Í	R	B	I	L	O	C	P	V	Ú	Z	N	V	Q	A
T	B	Ñ	S	O	T	R	A	G	A	L	E	W	I	V	A	L
R	C	C	A	R	P	I	N	T	E	R	O	J	U	A	W	Y
O	D	S	D	Ü	P	G	X	M	Z	Ñ	U	Q	A	W	F	S
P	U	C	O	B	R	A	Z	I	G	K	Y	E	A	P	S	V

Polonia	Portugal	India	Indonesia
Irak	Ciervo	Cobra	Colibrí
Garrapata	Singapur	Guacamayos	Lagartos
Periquitos	Carnicero	Carpintero	Panamá
Paraguay	Perú	Oveja	Cabra

Puzzle 88

I	M	Q	A	N	P	E	O	W	Q	E	Á	P	J	A	E	Ó
M	U	R	I	E	R	A	T	E	A	T	R	O	Ü	D	I	F
Ñ	E	Ü	F	Á	M	F	U	S	É	Z	É	E	Q	A	V	V
T	R	A	P	Ü	Ú	Y	Ñ	G	I	W	K	B	T	T	V	W
Z	T	I	Y	I	Z	E	X	P	R	E	S	I	Ó	N	H	H
T	E	Y	D	A	D	I	L	I	B	A	T	I	V	E	N	I
P	X	Y	C	O	M	B	I	N	A	C	I	Ó	N	S	Á	Z
A	M	D	A	D	I	C	A	G	U	F	I	C	Ú	E	Ú	W
C	T	G	F	V	T	O	J	L	B	A	K	K	H	R	A	Ü
S	E	S	N	X	V	I	D	A	B	T	E	C	C	P	I	S
C	M	E	I	H	D	D	Ú	U	J	I	A	U	Z	E	C	W
U	A	Í	T	N	E	D	Ü	V	G	R	Ó	R	Q	R	N	F
A	R	R	R	Ó	O	Q	Y	E	P	C	É	É	B	N	E	I
L	Ñ	X	U	K	B	G	H	E	C	S	O	D	B	O	U	P
Q	B	U	I	J	V	V	A	V	O	E	D	Ó	P	O	C	A
U	Í	Á	Í	Ú	Ñ	T	Y	T	G	I	R	X	Q	Q	E	T
I	U	Z	H	O	S	I	G	L	O	Ú	N	A	H	O	R	Ó
E	Q	C	R	I	D	Y	O	X	N	R	K	T	P	P	F	U
R	Y	O	J	Z	B	G	Z	Z	R	L	P	Y	V	A	L	W
B	T	R	N	Z	É	X	C	Ü	E	F	G	X	H	A	H	É

Aparece	Frecuencia	Combinación	Tema
Fugacidad	Vida	Inevitabilidad	Muerte
Expresión	Carpe	Siglo	Oro
Cualquier	Obra	Escrita	Representada
Teatro	Aunque	Muriera	Protagonista

Puzzle 89

A	R	Ü	S	Q	C	H	É	H	F	O	T	C	E	F	E	R
R	C	M	L	E	L	R	U	O	O	Y	R	N	Z	E	A	D
Y	O	I	E	V	L	É	B	Y	O	M	S	L	C	V	L	Y
O	G	T	G	Ú	D	E	T	N	E	I	S	K	W	B	Q	Y
H	A	U	N	Á	E	É	T	I	N	B	U	N	N	E	N	Ú
C	M	Z	U	E	R	O	D	Ó	H	W	K	T	M	L	F	É
U	X	Z	Ü	R	I	T	X	Á	T	B	Q	T	A	P	O	A
M	E	Z	X	O	G	M	G	I	C	S	É	N	U	H	P	Y
I	Y	H	F	D	B	S	I	S	V	R	I	R	W	A	Z	D
A	P	Ñ	Z	A	H	D	L	C	M	F	I	R	R	L	S	E
Ñ	J	Z	G	T	O	O	K	I	A	F	T	E	A	D	X	S
J	T	Q	F	C	R	Y	N	C	I	N	C	N	K	N	C	C
C	Q	U	E	E	A	O	S	C	N	E	E	A	R	K	Q	R
Z	V	A	D	P	C	R	A	C	U	L	Q	R	R	Ó	R	I
O	Ü	O	T	S	I	D	E	R	L	Z	U	W	Ü	B	Á	B
N	L	S	R	E	O	Ñ	X	M	U	P	E	F	K	Z	O	I
I	Q	A	X	R	O	P	Á	P	I	V	A	C	O	Ñ	L	R
T	F	F	O	D	Y	P	Y	H	L	R	C	S	V	N	Q	X
A	W	M	Á	B	N	T	G	S	Y	E	P	Í	D	P	Ó	Z
L	B	Q	E	Á	J	T	Z	P	R	O	P	U	E	S	T	O

Diem	Aparece	Primera	Poeta
Latino	Horacio	Mucho	Renacimiento
Término	Propuesto	Aristóteles	Describir
Efecto	Purificador	Siente	Espectador
Final	Obra	Trágica	Hoy

Puzzle 90

D	K	W	Ü	E	N	Z	S	Q	X	Í	I	K	S	A	Q	H
G	Í	D	T	H	Ó	Ó	T	É	Q	Ú	Z	D	V	D	I	R
D	V	L	E	R	A	H	S	O	V	M	G	M	S	A	G	S
A	A	T	M	W	E	T	R	K	V	A	H	F	B	Z	V	K
T	R	A	G	E	D	I	A	S	Q	R	R	H	E	I	Q	O
P	A	R	I	S	T	Ó	T	E	L	E	S	T	W	N	W	D
C	I	Z	Q	V	U	V	H	Y	E	N	L	V	S	O	F	I
S	C	A	E	Á	G	U	D	X	V	S	I	D	E	G	K	T
A	N	Z	K	Ó	I	Á	A	Ó	O	O	Z	A	R	A	É	N
T	E	N	G	Ó	P	T	G	C	L	P	A	S	A	T	N	E
S	R	P	N	G	S	V	J	G	U	M	F	E	L	O	O	S
I	E	Y	C	E	P	O	C	S	C	E	Y	S	U	R	L	É
N	F	S	O	Y	U	C	E	A	I	I	W	A	P	P	U	X
O	I	L	M	S	I	M	T	I	O	T	H	L	O	E	A	Y
G	D	Ü	E	X	N	Ú	R	C	N	P	A	C	P	K	T	Á
A	I	X	D	Z	C	O	A	N	A	R	B	A	L	A	P	Ü
T	N	Ü	I	O	L	O	P	E	D	U	S	K	E	I	Ü	I
O	R	É	A	E	U	G	V	V	O	É	P	O	C	A	Y	A
R	P	J	J	Í	S	T	M	I	Ó	B	D	Ñ	K	Á	K	C
P	W	M	U	A	O	W	U	V	É	T	Z	U	U	E	O	O

Arte	Incluso	Vivencias	Sentido
Esta	Palabra	Evolucionado	Través
Tiempos	Época	Aristóteles	Comedia
Era	Protagonizada	Clases	Populares
Diferencia	Tragedias	Cuyos	Protagonistas

Puzzle 91

T	G	F	J	J	Ñ	M	D	S	A	O	S	F	U	X	D	V
E	W	X	Á	L	Y	Ü	O	L	Ó	S	E	P	S	É	Ñ	U
I	A	W	Z	A	W	S	F	P	T	O	N	I	M	R	É	T
E	S	V	X	U	E	N	L	A	R	R	T	J	D	B	P	Ñ
C	C	S	E	T	X	J	I	G	Á	Y	I	W	D	E	Ó	O
M	O	F	R	C	C	Ú	B	S	G	Q	M	Ú	N	F	I	S
Z	C	M	W	A	O	G	E	E	I	I	I	Ñ	J	A	I	A
B	S	É	E	Ñ	N	R	R	L	C	O	E	C	G	V	X	I
H	E	B	E	D	S	I	A	A	O	D	N	D	A	U	T	D
O	Á	M	Ú	X	I	S	C	R	P	A	T	S	R	J	W	E
Q	H	E	R	Q	D	A	I	T	X	T	O	Z	P	N	A	G
Ü	N	N	P	P	E	K	Ó	A	W	I	N	C	V	C	Ü	A
W	E	O	P	P	R	O	N	E	Ü	C	S	Á	O	Ó	Í	R
Ó	U	S	K	M	A	Ñ	L	T	M	S	L	P	B	R	K	T
M	O	V	E	R	O	Ü	X	O	M	U	É	X	B	Q	P	A
S	R	I	A	A	C	V	D	K	Z	S	L	J	Ñ	N	D	C
A	Ó	Á	P	N	Ó	I	C	A	C	I	F	I	R	U	P	I
O	D	E	B	Í	S	I	N	O	P	X	R	Q	Z	V	Ñ	L
A	O	K	W	F	Ú	Y	N	C	I	Y	E	Z	Á	T	K	P
S	Q	H	Z	I	L	E	F	Y	U	A	S	Y	A	Á	G	A

Término	Aplica	Sólo	Tragedias
Teatrales	Sino	Sentimiento	Purificación
Liberación	Suscitado	Feliz	Menos
Trágico	Época	Actual	Considera
Comedia	Debe	Mover	Risa

Puzzle 92

A	C	U	D	H	I	A	T	O	C	I	P	Ó	T	K	Y	S
P	T	L	E	N	D	F	Q	G	K	L	A	P	Y	B	E	Z
D	I	S	F	R	U	T	A	R	Ú	T	R	Í	Z	R	A	X
C	O	F	U	P	K	X	O	B	L	E	A	Ü	Ñ	C	O	P
O	A	R	R	F	R	R	R	U	O	F	O	I	I	O	J	T
I	S	U	E	L	E	T	S	C	Q	H	O	R	U	N	E	H
H	H	H	É	C	W	E	U	N	P	Z	T	H	J	S	F	R
V	P	R	E	D	R	P	Y	Ó	Q	É	M	S	G	I	U	K
W	Z	A	É	M	A	L	G	I	M	Ñ	F	P	M	D	T	S
É	N	O	R	R	I	L	I	C	E	N	C	I	A	E	U	A
G	M	G	S	S	Ü	S	N	A	Á	F	D	V	B	R	R	N
P	Ü	E	E	R	Y	D	T	T	V	N	I	M	S	A	O	U
R	I	Y	J	F	E	Á	P	I	C	F	V	I	A	R	Ü	G
M	Y	G	A	B	W	V	I	V	Q	Y	I	Q	R	Q	Í	L
P	M	E	N	O	S	Í	Í	N	V	U	S	M	B	X	Q	A
Í	G	L	O	A	O	R	A	I	X	Á	I	L	O	H	U	D
V	Q	L	S	E	U	R	S	F	H	P	Ó	O	E	H	J	W
G	Y	J	R	M	E	O	V	S	L	V	N	Ñ	S	H	D	J
E	B	G	E	E	É	P	R	E	S	E	N	T	E	Á	T	T
N	P	B	P	Q	V	F	Z	W	V	Ó	S	P	V	N	V	W

Hiato	Suele	Considerar	Licencia
Métrica	Menos	Resulta	División
Verso	Hemistiquios	Invitación	Disfrutar
Presente	Preocuparse	Futuro	Tópico
Algunas	Obras	Eran	Personajes

Puzzle 93

E	Ñ	H	X	J	D	E	S	E	N	L	A	C	E	D	I	M
A	F	E	L	A	N	I	S	R	R	C	Ü	V	I	T	M	Ñ
Z	C	Í	Ó	Ó	Y	D	Z	S	F	L	K	É	M	G	P	P
O	O	J	S	N	N	A	L	Í	Í	K	R	G	P	W	R	K
L	C	Q	K	Z	H	Ú	K	L	Ó	L	P	B	O	L	O	K
É	I	I	C	Ú	L	Í	K	Ñ	L	Q	A	R	R	D	N	P
Ü	T	Y	X	Y	H	Ñ	C	T	D	A	E	B	T	I	U	Ñ
M	É	R	I	T	R	E	V	N	O	C	M	V	A	P	N	Ñ
N	O	E	O	S	R	E	V	Q	U	Ñ	W	A	N	T	C	A
M	P	C	Ó	U	N	L	D	R	S	V	D	B	T	O	I	Q
M	S	A	U	T	D	Q	S	H	G	E	V	B	E	N	A	E
D	D	H	C	C	S	O	I	E	H	B	G	L	S	G	N	Q
X	Q	S	D	Y	K	A	X	K	É	O	D	U	N	O	B	D
Ú	E	E	Q	E	T	O	B	I	G	M	I	A	I	F	M	G
F	Ü	D	B	O	N	G	T	A	J	E	É	G	L	D	M	W
Ó	J	V	Ü	N	Q	T	F	V	L	Y	R	C	M	Ú	A	K
A	I	Q	F	G	D	T	R	W	P	Í	E	P	M	O	R	S
B	B	V	Z	I	I	É	Z	O	R	I	S	T	M	B	N	G
F	Í	I	Ñ	S	E	T	M	V	Y	A	I	L	S	M	S	Í
O	C	I	F	Á	R	G	O	T	R	O	S	M	L	Y	T	Z

Importantes	Desenlace	Signo	Ortográfico
Recurso	Poético	Deshacer	Diptongo
Convertir	Sílaba	Seguidas	Verso
Hiato	Rompe	Sinalefa	Dentro
Pronuncian	Sílabas	Llama	Diéresis

Puzzle 94

F	S	I	E	M	P	R	E	X	V	Í	V	T	G	E	A	Q
C	V	K	A	Y	Í	M	Ñ	A	K	Á	R	F	Á	P	Í	F
A	O	S	S	F	X	R	S	O	L	A	O	D	Y	V	S	Q
C	U	A	N	D	O	B	V	J	T	Z	Z	F	A	A	E	F
I	W	B	M	E	C	Y	Ó	A	I	U	Q	D	N	C	O	O
D	A	A	É	Z	U	E	T	E	P	J	D	V	S	I	P	Í
N	C	L	T	E	C	S	J	É	O	S	I	X	X	R	Y	F
I	D	Í	R	I	P	R	N	N	G	T	F	Á	Ñ	T	G	U
Á	B	S	I	B	R	A	P	F	R	O	E	V	S	É	R	H
U	C	C	C	X	O	I	D	R	Á	O	R	T	E	M	A	V
Y	J	L	A	C	N	C	I	C	F	X	E	A	L	J	M	Y
X	E	I	S	J	U	N	É	E	I	H	N	M	A	W	A	Y
C	M	C	Ñ	A	N	U	R	P	C	B	T	B	C	C	T	K
Ñ	M	E	Z	L	C	N	E	L	A	S	E	I	O	G	I	D
P	Z	N	O	A	I	O	S	N	M	L	S	É	V	Z	C	P
Y	Ñ	C	L	Q	A	R	I	E	E	F	A	N	N	Y	A	Z
M	Z	I	Ú	U	C	P	S	B	N	P	G	B	O	Z	L	M
J	D	A	C	V	I	A	G	E	T	X	O	U	R	P	J	S
W	L	G	Ñ	Q	Ó	Ó	U	D	E	I	L	P	L	A	É	Ó
B	A	M	A	M	N	Í	E	Q	X	F	Ñ	Y	I	Z	S	P

Pronunciación	Sílabas	Diferentes	Vocales
Deben	Pronunciarse	Sola	Cuando
Trata	Palabras	Gramatical	Métricas
Licencia	Métrica	Poesía	Siempre
Indica	Tipográficamente	Diéresis	También

Puzzle 95

F	B	G	Ü	Ó	Ú	Q	B	E	Á	Ñ	K	E	Q	D	Y	Ñ
P	F	A	W	N	E	A	C	Y	N	S	Z	Á	D	E	Ú	V
O	C	C	É	I	C	D	W	W	E	V	V	K	F	R	D	O
E	O	E	G	I	F	W	N	N	E	Á	I	F	K	N	S	Ñ
S	N	K	O	Q	J	E	O	O	Z	I	O	U	K	É	B	G
Í	C	R	G	P	L	I	K	W	D	V	L	E	É	K	A	Q
A	E	H	T	E	S	É	U	T	Z	A	E	R	Z	S	P	O
H	P	Q	U	A	H	Á	Q	E	M	O	N	T	P	S	Q	É
M	T	S	P	Q	É	H	I	A	T	O	T	E	L	N	A	Í
Y	O	C	U	E	U	W	R	T	C	Y	A	S	O	R	T	B
L	S	J	D	F	A	D	O	R	R	A	S	I	H	X	S	É
T	G	Á	É	O	O	P	I	A	D	F	G	T	T	Y	I	F
A	D	L	C	P	M	D	Í	L	Í	E	K	U	R	X	N	X
Z	S	Ü	P	O	I	I	Y	J	K	Y	X	A	A	C	O	N
M	É	Y	I	C	W	C	N	S	X	K	R	C	G	H	G	Ñ
L	I	K	N	U	O	B	A	Ó	Ó	I	C	I	E	W	A	Á
E	X	O	Y	B	U	B	W	R	N	X	J	O	D	É	T	P
V	C	V	R	E	X	C	E	P	C	I	Ó	N	I	X	O	O
Á	S	A	N	Z	W	K	Z	A	H	Z	S	E	A	W	R	P
D	Z	Ü	N	X	P	A	L	E	G	R	E	S	W	Z	P	B

Hiato	Drama	Obra	Teatral
Pasiones	Situaciones	Violentas	Fuertes
Tragedia	Alegres	Heroica	Sinónimo
Protagonista	Excepción	Poesía	Épica
Donde	Suelen	Concidir	Conceptos

Puzzle 96

D	A	F	N	R	O	B	Ú	Ú	W	J	Á	Ü	Ñ	W	R	P
P	A	W	Ü	Ú	M	P	E	R	S	O	N	A	E	N	F	U
A	O	G	Ú	V	J	O	C	Z	E	D	X	Ó	L	É	E	B
E	M	P	K	B	L	X	D	A	Y	O	J	H	I	I	V	C
X	B	O	Z	S	D	A	Z	E	P	H	O	J	P	B	G	R
Ú	R	A	B	Z	O	I	G	D	R	M	G	O	S	M	A	E
X	E	M	A	P	L	I	C	A	B	N	Z	H	I	A	M	F
P	I	U	I	I	I	V	D	R	D	Q	A	O	S	T	V	E
H	U	T	T	T	R	Q	E	C	A	M	O	M	Q	W	B	R
Q	Q	U	O	F	O	V	Z	O	B	F	Ñ	R	E	U	S	I
X	L	Í	Y	N	W	L	N	Ú	T	R	Ó	T	T	N	U	R
R	A	J	K	B	C	L	O	E	D	N	Ü	N	É	A	T	S
T	U	Í	Z	I	T	X	F	G	T	I	E	X	J	C	E	E
I	C	O	O	F	Y	P	D	N	Í	N	Y	M	W	V	S	T
K	V	D	H	O	D	A	Z	I	L	A	E	R	E	U	D	D
J	E	V	Ñ	O	M	I	S	I	Ó	N	É	I	J	L	N	A
R	C	A	U	G	I	T	N	A	R	Q	B	B	L	F	E	R
S	E	É	N	I	T	É	R	M	I	N	O	B	Ñ	A	Y	Ü
L	S	W	Ü	H	C	G	W	N	E	G	I	R	O	M	V	V
Ü	Í	P	U	N	B	F	Á	S	O	Y	H	S	Í	X	O	Í

Origen	Mitología	Antigua	Dios
Modernamente	Aplica	Persona	Valiente
Hombre	Realizado	Veces	También
Utiliza	Término	Referirse	Cualquier
Teatro	Elipsis	Omisión	Elemento

Puzzle 97

N	P	J	G	K	V	O	Z	É	N	H	Í	J	U	I	B	P
D	Ó	S	O	D	I	R	R	U	C	O	E	Q	U	C	Ñ	E
K	I	I	S	A	Ú	B	L	E	C	T	O	R	Á	W	Í	T
T	V	C	C	P	R	V	S	O	H	C	E	H	N	B	S	N
Y	N	M	R	A	C	I	D	N	I	G	P	Ü	U	D	R	E
Z	C	Ñ	T	Ñ	R	K	L	E	I	E	X	A	E	M	W	M
D	Ó	E	D	E	P	R	E	I	É	N	C	T	K	J	K	R
R	M	S	F	T	T	V	A	Q	C	U	S	A	Í	Z	O	O
R	P	A	U	E	L	Z	A	N	L	Q	T	E	H	N	D	I
F	L	R	T	E	E	W	E	C	L	V	S	V	R	Ü	L	R
E	I	F	U	Y	T	T	O	C	P	R	L	P	T	T	Í	E
C	C	V	R	J	S	O	N	I	M	R	É	T	J	I	A	T
L	E	W	O	V	C	Á	J	E	A	O	M	C	N	I	P	N
M	Á	K	F	P	V	O	H	V	M	E	E	O	C	Ú	Ó	A
A	O	W	Q	T	F	V	K	I	V	L	J	Ú	Q	A	K	W
A	U	T	O	R	Ü	U	D	D	T	N	A	R	S	B	S	F
X	Ú	F	X	B	I	N	F	E	R	I	R	M	A	Z	U	O
J	F	V	I	I	E	R	M	Ñ	B	É	D	V	R	X	M	T
O	C	L	E	C	T	O	R	C	N	H	I	E	B	O	G	W
O	V	G	A	I	C	N	E	U	C	E	R	F	A	N	N	U

Frase	Idea	Lector	Inferir
Hace	Lector	Cómplice	Autor
Frecuencia	Indica	Insertan	Hechos
Ocurridos	Anteriormente	Caso	Futuro
Normalmente	Vuelve	Narración	Términos

Puzzle 98

R	M	R	F	L	K	I	Ü	S	I	G	U	I	E	N	T	E
E	L	E	M	E	N	T	O	S	A	S	U	A	C	S	J	Ñ
V	A	T	X	Ó	K	I	O	T	R	A	M	A	O	P	N	M
B	E	Ó	S	Y	M	A	N	I	P	U	L	A	C	I	Ó	N
Ú	C	R	U	G	G	T	H	Á	P	A	U	S	A	C	Ó	K
I	D	L	S	P	B	Y	Ú	G	I	Á	Ó	G	C	D	W	P
A	A	T	P	O	R	O	G	E	U	L	X	R	Ó	I	M	U
R	A	R	E	G	S	E	S	R	A	R	T	N	E	C	F	K
G	C	O	N	T	I	N	U	A	C	I	Ó	N	S	G	S	P
U	X	Á	S	E	R	C	A	P	H	S	Ú	W	Z	R	E	V
M	X	K	I	D	U	T	L	U	Ú	P	M	J	Y	A	J	R
E	Í	Z	V	I	Á	H	L	N	S	W	Q	C	O	M	A	E
N	S	Í	O	C	F	Ü	O	T	O	U	J	Ü	A	A	N	Z
T	O	T	S	N	Z	Á	R	O	V	C	H	L	C	T	O	O
O	D	B	A	I	J	É	R	S	Ó	W	U	Z	C	I	S	N
I	I	H	J	O	Ú	S	A	W	H	V	X	K	I	C	R	W
I	T	S	N	C	S	N	S	C	E	J	B	C	Ó	A	E	B
F	N	L	X	E	U	J	E	H	X	D	E	B	N	L	P	I
H	E	A	Ú	O	U	F	D	S	Á	W	R	Q	L	C	S	R
N	S	Q	Z	E	Ñ	D	V	É	Ü	C	U	A	N	D	O	V

Elementos	Trama	Luego	Desarrolla
Argumento	Centrarse	Personajes	Causas
Acción	Manipulación	Puntos	Suspensivos
Continuación	Siguiente	Verso	Cuando
Pausa	Gramatical	Coincide	Sentido

Puzzle 99

I	V	T	O	R	N	O	J	U	Q	U	H	Ó	V	X	L	Y
G	R	É	L	Í	S	L	B	W	H	T	G	J	H	Y	R	W
I	N	A	E	P	O	P	E	Y	A	I	A	O	Q	A	S	E
A	Ú	O	T	S	T	I	R	U	R	A	P	U	I	I	T	Y
B	A	U	F	S	N	W	A	A	Y	A	Y	R	P	N	W	Ú
Z	D	C	P	F	E	A	R	R	A	N	O	E	E	Ó	G	R
É	A	Ü	V	M	I	T	K	H	E	T	H	L	G	O	G	V
F	N	R	S	J	M	Y	Q	J	S	L	A	E	A	L	N	H
D	O	M	W	P	I	G	U	I	O	V	X	U	Ó	Z	F	O
V	I	B	F	H	C	F	H	P	I	L	U	S	B	T	C	V
V	C	F	J	V	E	S	Z	U	R	S	W	H	Á	I	N	A
O	A	I	A	E	T	U	Q	V	A	Z	K	R	P	L	A	O
M	L	F	K	P	N	E	S	P	D	J	K	É	V	L	C	G
H	E	Z	M	A	O	L	O	F	N	N	J	B	Í	E	I	R
A	R	P	O	O	C	E	C	A	E	A	U	M	N	O	Ó	L
Y	L	L	B	O	A	Z	I	W	G	I	M	I	V	R	N	W
Y	A	A	N	V	L	W	P	X	E	E	S	E	W	É	S	Ü
O	V	R	T	U	B	W	É	F	L	V	O	F	O	H	D	S
L	Y	G	A	V	K	Ñ	G	É	N	E	S	I	S	P	Q	Z
Ñ	H	O	U	X	I	N	S	O	C	I	R	Ó	T	S	I	H

Poema	Largo	Narra	Acontecimientos
Históricos	Legendarios	Epopeya	Equivalente
Épico	Suele	Estar	Relacionada
Génesis	Nación	Historia	Épicos
Suele	Girar	Torno	Héroe

Puzzle 100

M	P	P	E	Ñ	O	S	R	E	V	S	Y	Z	J	X	F	G
C	K	R	R	L	E	Ü	A	Q	A	M	Á	B	U	E	F	S
O	Ñ	E	C	E	M	V	E	R	S	O	S	I	S	L	I	C
Q	N	S	U	C	N	D	Ñ	K	X	U	D	R	X	T	É	A
Z	Y	E	M	T	H	E	B	B	U	S	A	O	U	Á	V	D
W	R	N	W	O	E	Ñ	L	N	T	R	T	A	K	E	G	A
L	O	T	J	R	M	G	Í	E	E	N	C	W	R	X	W	E
B	D	A	U	I	B	J	Ü	D	U	I	Ó	S	I	F	V	Z
A	A	C	Ó	A	E	B	I	J	Ó	S	O	K	M	D	L	Q
C	T	I	R	Ó	F	S	N	B	A	S	I	Ú	A	Q	H	C
I	C	Ó	C	O	N	O	C	I	M	I	E	N	T	O	Ñ	X
R	E	N	P	O	C	Ñ	R	A	G	R	U	P	A	D	O	S
O	P	Í	C	B	R	X	B	T	S	N	S	T	X	O	N	O
Z	S	Ñ	S	E	C	E	I	O	S	V	E	P	Y	F	C	J
Q	E	A	M	X	H	N	S	Í	X	E	I	Y	G	U	A	P
D	V	C	B	E	S	P	Ú	N	E	D	R	O	R	D	H	O
E	X	Ü	B	A	E	D	T	M	E	X	L	R	L	I	U	H
U	M	F	Z	C	L	M	A	N	E	T	I	O	Ü	I	Ñ	X
A	Q	F	H	Q	E	Í	Z	B	H	R	A	U	Ñ	O	J	Ú
S	J	A	S	M	T	Y	S	U	P	B	O	T	Í	G	J	V

Conjunto	Versos	Agrupados	Orden
Suelen	Considerarse	Estrofa	Versos
Número	Sílabas	Cada	Verso
Rima	Presentación	Situació	Lector
Espectador	Conocimiento	Sospecha	Ocurrir

SOLUTIONS

81

Ü N Á Y I A B R E Z A S R Z N G W
O R R E P Á P Y R B A A A I Z P X
O S M H K E N G L Ó U I A D H K X
L N U Ú Z É D M R S J R C R Y I I
M A N I R U S A T Í D F G E D Ú Í
W L U C Z J R R M W L M L P U B X
Y M B F H A A U S T R I A A Á S V
Ú V N X A L M E J A J R X Y M H A
G U P Ú I Y E R D U Q O Ó O J Y R
A N P A L E S T I N A R R B Y I T
T Ú W C A Z A D O R X H O M W T S
O Á L E O W I Z I V L Ñ Í A N Í O
O K X O M D N P E S L R W C Y S K
X U O Á C Ü E B A B O S A L Q B R
R Á S Ñ Z A M É W T P Q M P K T G
G F R A C A R T E R O A W G A O P
G J N Ü A B A A V E R D E W Y L Y
L Ó F C A B O T C F V Z O W H J Á
Y G B I Ü B G V Ñ J Ú F M Y Ü Z X
H G G O R W M G F O A T H Ñ D Y Z

82

Ñ P Y U K A R N U R H K F W D H Ñ
S S Ó U U B B U N K K P V J X O R
J Í K P Ú A F G V Q C A N I G D S
A S R É H N H J P B C O N G O R A
H R I Ñ M G I I D A Í M G B U E Ñ
Á P N O P L C É R É L D Í O B C U
O W O I F A A G R L O O P D F M C
O D C N E D L J Z A A C M R T O I
A Q E V V É A E E O B N J A T S V
W T R J P S M F S M R E G P Q F C
S W O A M T A N H T L R B O N L O
O S N K M E R N X X I A O E S V L
D Ú T K W E J O K U T N É L Z T L
A S E Ü G Q D I U M J O A B J K A
B A R B E C Q U L Y G P J Y U J B
R X I N N X S H S L K W U C X I A
A R U N A F P O Q A Ó A Z L S V C
B T B Ñ D M Q N C A S N L H P V G
A Ó L L H C Ñ F Ü O L L I R R O Z
C U L N D R U H I Ú X F I O X H V

83

P S R I S K H D E R Z D Ó Z X N I
G J E U J K Ñ U L W Ó J U Z S F Ú
A Q G Ñ Ü H P W I W U É Z T R C F
P C Í S E C I R B M O L O T O Q C
M A N X O L T W É K Ú O L L Z Q H
E T N O S I B H L C E A A T X É I
E C A A Á D H O U E N F Ñ H K Z L
Á H P B D Á A H L K Ú Ü N N H U E
V E N N D E R F A B Z R N Í F I M
T Q C T U A R S S Á Ñ Á K T G Z O
H U I Y H O H O I Z É I F É G O H
E Í V E C L U C I É R N A G A S M
R A M A A A G E A P A X V W O Ú X
R Z T R A I I B Ú H O S K L É U W
E A Q E J I R K D E R T I U B Ü Z
R J D O J O L I R D O C O C A N D
O D Q I V Z B A S W D Y W S R V Ú
Q J L K N X V W M J A L L S J T V
I Y V K G U S A N O S Í K Ñ X Ú A
O D T C V K Ú É G D S X L S A C B

84

Z R M W M J P U F Ú R U D E H S G
L Z K A W P U A O Ó O Y Z H N M S
O S T R A D L C Í Ñ D M Ü A Á J H
N Y Z Ú Z V G X N L A O Z Z C E Z
N I Q L Y C A Í U H I S Í G U H A
Í F N N W V S R U O R Q I C T I O
P U D F P Ü U N F D O U D Á U K O
O A T U O A G Y I É T I P P Í H Q
T U L K N R Ó Ó A V S T É K A P M
O V N A Í J M E X Ñ I O Í K J D S
R J Á A O Ó E Á É C H M V Z S L A
O U T Ú W S A L T A M O N T E S R
L C S A M A H A B I E W X I H B U
Z C I J Y P A S J R C B T G Ó O D
R D K T M T H A L G M O F R Ó P N
S Q A X P D Z T H K A Q F E P O O
P N P B Q Ó Í A A G I C B Z U T H
H A U G A R A C I N S Í J Z X I M
L A P E N E Z F T R P K Í W B M S
V F K N P G I P Í M É P L G É K É

85

Z A Ñ E J G Á B A Q Ó U H G Y W Q
C K Ú C B R A S I L L Ó C X C P V
C O J V V G S I E P N L Z V A Z I
C A B A L L O P U P A O A M M O É
G P P A F J U E W N O I R H A J V
Q W C Q Y L E U G W R L C P L D T
G R A U G A J O E A U A Í G E I P
Ú D S Z S F S R G X B A U T Ó A J
Í G W M C T E L P R R E U A N L M
N H H D A P U H A O P X L D V A I
S A I H Ñ B A A T A P E A D G G X
X Á P V X V N C R A O H C F S K A
É L O F G A A D N P I O Q Q L J H
I R P F U C O T A E D Z J Í Q A G
H J Ó S E H E R N A Q V N D H Y T
Q X T Ú P R D U G B Ó E S J H D I
U O A R A O R O D Ó T C W Q Ñ B G
B T M O R B B É R Ü Ü W Y R F Ó R
U R O B D A X I W A Z I F P L Á E
Z V Ú Q O U F L W N P Ú F K Y R Ñ

86

A B B U U P L M J R S H V D Z F M
G D Q É L B O B M O S C A R E É C
Q A Ú U R D L L R T Á M Z U T U H
P G Z I B Z L B Q S U I Ñ Z O H H
H Ú F T C B E M Í A G B K B L M O
S K X N Q É M E N C A Q C E E I M
B M B W Y D A J Á S N S Ó K C I N
Q O Z L O V C I Y L D Í Í I O I R
J J N Ú D Z P L A R A H R S K C Ú
Y W J O D J Z L G L S U É T B Ñ U
D Y C M M N J Ó R A A I R Á Z R D
T U C A E Y A N A M P O R N U B U
D P T U N M H Ñ M L O Ú É G A X Y
Y U T R A A C O I F W E U K K U Z
D M M I I P R M D E G A I R T U N
Ú A S T N A N I A I Y F L U W V H
B Q E A A C L X O Ü N F Ü H Z Q N
H V H N R H O G A L E I C R U M A
B J H I C E É Í X Y V K H K T Ú Í
O M F A U X U N É F I P C K W Y E

87

O P A T A P A R R A G T U I Q D E
D Z P Á R F P P G H T P P Í P Ü Y
I W B F I R A K E V S V E R J K A
K N N I H Á W P L R Ó F R Ñ N K U
E V D D A Í K K W C I G Ú H L D G
H U F I Z R W U A C K Q Ü V L X A
O D N R A Z B R J R I V U U Q S R
G É X G Q F N A B Ú G I Í I W N A
F K Ñ T I I D T C P F I V A T F P
M S X V C A B P F D O Z U I Ó O Ú
N A Q E O V R E I C Y L Y S S Y S
V V R U V M Í É H B F T O E I S J
L O Á M A N A P R U P A G N I S C
A G U A C A M A Y O S D W O I U O
G N L B Y Í V Z Ú O P Ú É D Y A Ú
U X Í R B I L O C P V Ú Z N V Q A
T B Ñ S O T R A G A L E W I V A L
R C C A R P I N T E R O J U A W Y
O D S D Ü P G X M Z Ñ U Q A W F S
P U C O B R A Z I G K Y E A P S V

88

I M Q A N P E O W Q E Á P J A E Ó
M U R I E R A T E A T R O Ü D I F
Ñ E Ü F Á M F U S É Z É E Q A V V
T R A P Ü Ú Y Ñ G I W K B T T V W
Z T I Y I Z E X P R E S I Ó N H H
T E Y D A D I L I B A T I V E N I
P X Y C O M B I N A C I Ó N S Á Z
A M D A D I C A G U F I C Ú E Ú W
C T G F V T O J L B A K K H R A Ü
S E S N X V I D A B T E C C P I S
C M E I H D D Ú U J I A U Z E C W
U A Í T N E D Ü V G R Ó R Q R N F
A R R R Ó O Q Y E P C É É B N E I
L Ñ X U K B G H E C S O D B O U P
Q B U I J V V A V O E D Ó P O C A
U Í Á Í Ú Ñ T Y T G I R X Q Q E T
I U Z H O S I G L O Ú N A H O R Ó
E Q C R I D Y O X N R K T P P F U
R Y O J Z B G Z Z R L P Y V A L W
B T R N Z É X C Ü E F G X H A H É

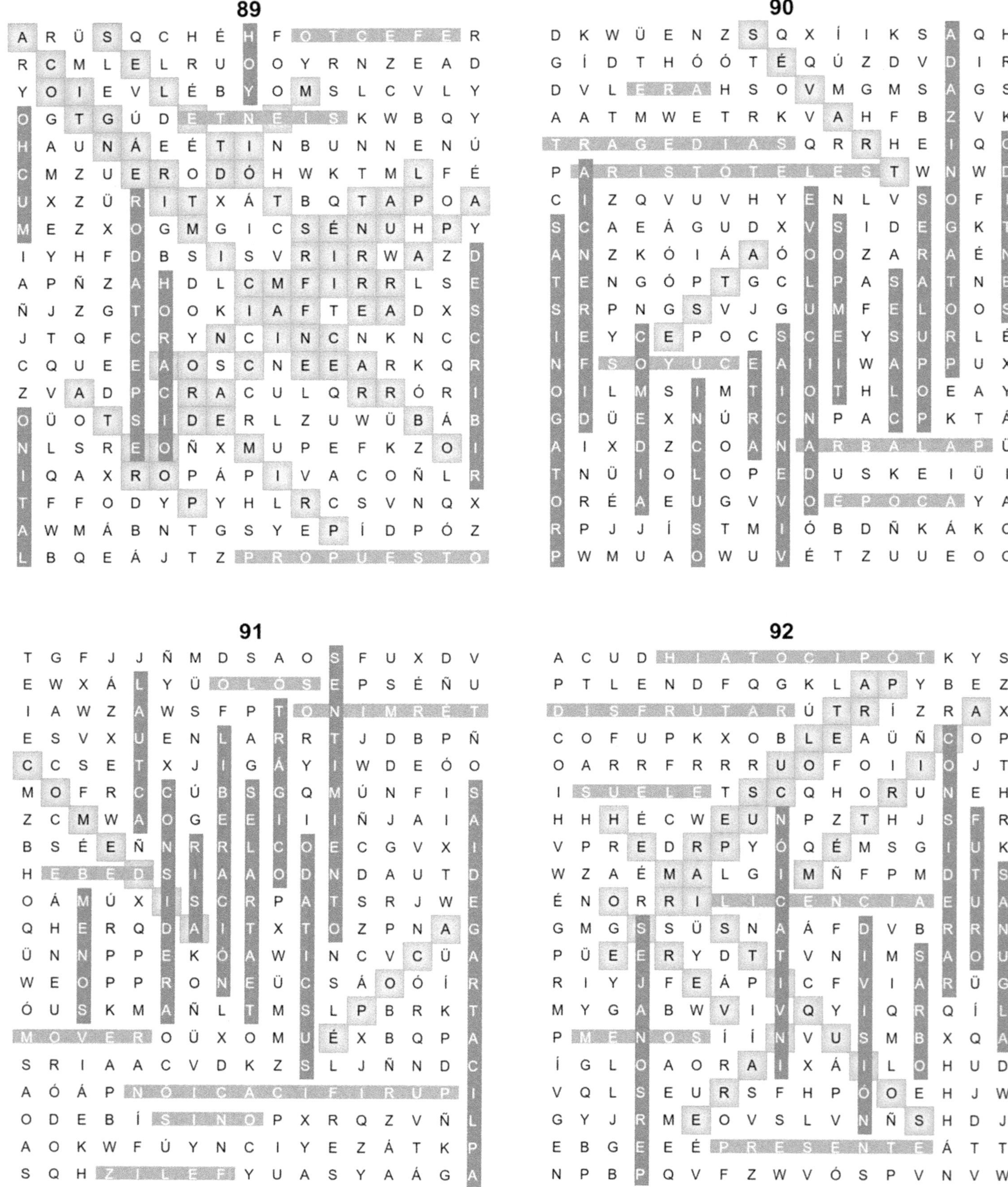
89
90
91
92

93

E Ñ H X J D E S E N L A C E D I M
A F E L A Ñ I S R R C Ü V I T M Ñ
Z C Í Ó Ó Y D Z S F L K É M G P P
O O J S N N A L Í Í K R G P W R K
L C Q K Z H Ú K L Ó L P B O L O K
É I I C Ú L Í K Ñ L Q A R R D N P
Ü T Y X Y H Ñ C T D A E B T I U Ñ
M É R I T R E V N O C M V A P N Ñ
N O E O S R E V Q U Ñ W A N T C A
M P C Ó U N L D R S V D B T O I Q
M S A U T D Q S H G E V B E N A E
D D H C C S O I E H B G L S G N Q
X Q S D Y K A X K É O D U N O B D
Ú E E Q E T O B I G M I A I F M G
F Ü D B O N G T A J E É G L D M W
Ó J V Ü N Q T F V L Y R C M Ú A K
A I Q F G D T R W P Í E P M O R S
B B V Z I I É Z O R I S T M B N G
F Í I Ñ S E T M V Y A I L S M S Í
O C I F Á R G O T R O S M L Y T Z

94

F S I E M P R E X V Í V T G E A Q
C V K A Y Í M Ñ A K Á R F Á P Í F
A O S S F X R S O L A O D Y V S Q
C U A N D O B V J T Z Z F A A E F
I W B M E C Y Ó A I U Q D N C O O
D A A É Z U E T E P J D V S I P Í
N C L T E C S J É O S I X X R Y F
I D Í R I P R N N G T F Á Ñ T G U
Á B S I B R A P F R O E V S É R H
U C C C X O I D R Á O R T E M A V
Y J L A C N C I C F X E A L J M Y
X E I S J U N É E I H N M A W A Y
C M C Ñ A N U R P C B T B C C T K
Ñ M E Z L C N E L A S E I O G I D
P Z N O A I O S N M L S É V Z C P
Y Ñ C L Q A R I E E F A N N Y A Z
M Z I Ú U C P S B N P G B O Z L M
J D A C V I A G E T X O U R P J S
W L G Ñ Q Ó Ó U D E I L P L A É Ó
B A M A M N Í E Q X F Ñ Y I Z S P

95

F B G Ü Ó Ú Q B E Á Ñ K E Q D Y Ñ
P F A W N E A C Y N S Z Á D E Ú V
O C C É I C D W W E V V K F R D O
E O E G I F W N N E Á I F K N S Ñ
S N K O Q J E O O Z I O U K É B G
Í C R G P L I K W D V L E É K A Q
A E H T E S É U T Z A E R Z S P O
H P Q U A H Á Q E M O N T P S Q É
M T S P Q É H I A T O T E L N A Í
Y O C U E U W R T C Y A S O R T B
L S J D F A D O R R A S I H X S É
T G Á É O O P I A D F G T T Y I F
A D L C P M D Í L Í E K U R X N X
Z S Ü P O I I Y J K Y X A A C O N
M É Y I C W C N S X K R C G H G Ñ
L I K N U O B A Ó Ó I C I E W A Á
E X O Y B U B W R N X J O D É T P
V C V R E X C E P C I Ó N I X O O
Á S A N Z W K Z A H Z S E A W R P
D Z Ü N X P A L E G R E S W Z P B

96

D A F N R O B Ú Ú W J Á Ü Ñ W R P
P A W Ü Ú M P E R S O N A E N F U
A O G Ú V J O C Z E D X Ó L É E B
E M P K B L X D A Y O J H I I V C
X B O Z S D A Z E P H O J P B G R
Ú R A B Z O I G D R M G O S M A E
X E M A P L I C A B N Z H I A M F
P I U I I I V D R D Q A O S T V E
H U T T T R Q E C A M O M Q W B R
Q Q U O F O V Z O B F Ñ R E U S I
X L Í Y N W L N Ú T R Ó T T N U R
R A J K B C L O E D N Ü N É A T S
T U Í Z I T X F G T I E X J C E E
I C O O F Y P D N Í N Y M W V S T
K V D H O D A Z I L A E R E U D D
J E V Ñ O M I S I Ó N É I J L N A
R C A U G I T N A R Q B B L F E R
S E É N I T É R M I N O B Ñ A Y Ü
L S W Ü H C G W N E G I R O M V V
Ü Í P U N B F Á S O Y H S Í X O Í

97

N P J G K V O Z É N H Í J U I B P
D Ó S O D I R R U C O E Q U C Ñ E
K I I S A Ú B L E C T O R Á W Í T
T V C C P R V S O H C E H N B S N
Y N M R A C I Ó N I G P Ü U D R E
Z C Ñ T Ñ R K L E I E X A E M W M
D Ó E D E P R E I É N C T K J K R
R M S F T T V A Q C U S A Í Z O O
R P A U E L Z A N L Q T E H N D I
F L R T E E W E C L V S V R Ü L R
E I F U Y T T O C P R L P T T Í E
C C V R J S O N I M R E T J I A T
L E W O V C Á J E A O M C N I P N
M Á K F P V O H V M E E O C Ú Ó A
A O W Q T F V K I V L J Ú Q A K W
A U T O R Ü U D D T N A R S B S F
X Ú F X B I N F E R I R M A Z U O
J F V I I E R M Ñ B É D V R X M T
O C L E C T O R C N H I E B O G W
O V G A I C N E U C E R F A N N U

98

R M R F L K I Ü S I G U I E N T E
E L E M E N T O S A S U A C S J Ñ
V A T X Ó K I O T R A M A O P N M
B E Ó S Y M A N I P U L A C I Ó N
Ú C R U G G T H Á P A U S A C Ó K
I D L S P B Y Ú G I Á Ó G C D W P
A A T P O R O G E U L X R Ó I M U
R A R E G S E S R A R T N E C F K
G C O N T I N U A C I Ó N S G S P
U X Á S E R C A P H S Ú W Z R E V
M X K I D U T L U Ú P M J Y A J R
E Í Z V I Á H L N S W Q C O M A E
N S İ O C F Ü O T O U J Ü A A N Z
T O T S N Z Á R O V C H L C T O O
O D B A I J É R S Ó W U Z C I S N
I I H J O Ú S A W H V X K I C R W
I T S N C S N S C E J B C Ó A E B
F N L X E U J E H X D E B N L P I
H E A Ú O U F D S Á W R Q L C S R
N S Q Z E Ñ D V É Ü C U A N D O V

99

I V T O R N O J U Q U H Ó V X L Y
G R É L Í S L B W H T G J H Y R W
I N A E P O P E Y A I A O Q A S E
A Ú O T S T I R U R A P U I I T Y
B A U F S N W A A Y A Y R P N W Ú
Z D C P F E A R R A N O E E Ó G R
É A Ü V M I T K H E T H L G O G V
F N R S J M Y Q J S L A E A L N H
D O M W P I G U I O V X U Ó Z F O
V I B F H C F H P I L U S B T C V
V C F J V E S Z U R S W H Á I N A
O A I A E T U Q V A Z K R P L A O
M L F K P N E S P D J K É V L C G
H E Z M A O L O F N N J B Í E I R
A R P O O C E C A E A U M N O Ó L
Y L L B O A Z I W G I M I V R N W
Y A A N V L W P X E E S E W É S Ü
O V R T U B W É F L V O F O H D S
L Y G A V K Ñ G É N E S I S P Q Z
Ñ H O U X I N S O C I R Ó T S I H

100

M P P E Ñ O S R E V S Y Z J X F G
C K R R L E Ü A Q A M Á B U E F S
O Ñ E C E M V E R S O S I S L I C
Q N S U C N D Ñ K X U D R X T É A
Z Y E M T H E B B U S A O U Á V D
W R N W O E Ñ L N T R T A K E G A
L O T J R M G Í E E N C W R X W E
B D A U I B J Ü D U I Ó S I F V Z
A A C Ó A E B I J Ó S O K M D L Q
C T I R Ó F S N B A S I Ú A Q H C
I C Ó C O N O C I M I E N T O Ñ X
R E N P O C Ñ R A G R U P A D O S
O P Í C B R X B T S N S T X O N O
Z S Ñ S E C E I O S V E P Y F C J
Q E A M X H N S Í X E I Y G U A P
D V C B E S P Ú N E D R O R D H O
E X Ü B A E D T M E X L R L I U H
U M F Z C L M A N E T I O Ü I Ñ X
A Q F H Q E Í Z B H R A U Ñ O J Ú
S J A S M T Y S U P B O T Í G J V

EN ESTAS PAGINAS PUEDES ESCRIBIR FRASES POSITIVAS PARA TU VIDA.

ESCRIBE TUS PENSAMIENTOS POSITIVOS

ESCRIBE TUS PENSAMIENTOS POSITIVOS

ESCRIBE TUS PENSAMIENTOS POSITIVOS

ESCRIBE TUS PENSAMIENTOS POSITIVOS

ESCRIBE TUS PENSAMIENTOS POSITIVOS

ESCRIBE TUS PENSAMIENTOS POSITIVOS

ESCRIBE TUS PENSAMIENTOS POSITIVOS

ESCRIBE TUS PENSAMIENTOS POSITIVOS

ESCRIBE TUS PENSAMIENTOS POSITIVOS

ESCRIBE TUS PENSAMIENTOS POSITIVOS

www.ingramcontent.com/pod-product-compliance
Lightning Source LLC
LaVergne TN
LVHW082247150826
845677LV00009B/1549

* 9 7 9 8 3 6 8 2 9 9 6 0 0 *